Gespräche und Aussprüche

(Vivekananda: Ausgewählte Werke, Band III)

übersetzt von

Gabriele Ebert

Bibliografische Informationen der Deutschen Bibliothek

Die Deutsche Bibliothek verzeichnet diese Publikation in der Deutschen National-
bibliografie; detaillierte bibliografische Daten sind im Internet über
http://dnb.ddb.de abrufbar.

© 2023 Swami Vivekananda

Auswahl aus: Complete Works of Swami Vivekananda, Vol. I-IX, Advaita-Ashram
Herstellung und Verlag: BoD – Books on Demand, Norderstedt, 2023
ISBN: 9783757824587
Umschlaggestaltung: BoD
Printed in Germany

Inhaltsverzeichnis

Einleitung

Swami Vivekananda (1863-1902) hinterließ ein enormes Werk mit seinen Schriften über die vier Yogas, seiner Rede vor dem Parlament der Religionen, zahlreichen Vorträgen, Gesprächen, Notizen, Gedichten und Briefen, das ein Klassiker des religiösen und philosophischen Schrifttums ist. Das englische Gesamtwerk wurde posthum ab 1907 in der Mayavati-Ausgabe vom Advaita-Ashram in Indien zunächst in vier Bänden zusammengestellt und herausgebracht und wuchs in den folgenden Auflagen bis zuletzt auf neun Bände an.

Vom 11. September 1893, Vivekanandas erstem Vortrag vor dem Weltparlament der Religionen in Chicago, bis fast zu seinem Tod am 4. Juli 1902 hielt er unzählige öffentliche Vorträge und Seminare in den USA, Europa und in Indien. Viele davon wurden von seinem Sekretär J.J. Goodwin mitgeschrieben, der ihn 1896 von Amerika nach England und 1897 von England nach Indien begleitete. Ida Ansell stenografierte seine Vorträge in San Franzisco und Alameda mit. Zudem machte sich Vivekananda viele Notizen.

Da bislang nur Einzelwerke in deutscher Übersetzung vorliegen, habe ich mich entschlossen, aus dem Gesamtwerk eine repräsentative Auswahl zu treffen, sie inhaltlich zu ordnen und in drei Bänden zu veröffentlichen:

1. Die Vier Yogas sowie die Aphorismen von Patanjali
2. Reden vor dem Parlament der Religionen und Vorträge
3. Gespräche und Aussprüche

Swami Vivekananda setzte sich schon früh nicht nur mit der indischen, sondern auch mit der westlichen Philosophie auseinander und war auch sehr an den zu dieser Zeit aufblühenden Naturwissenschaften und technischen Errungenschaften interessiert, was er in seine Lehre einfließen ließ.

In seiner Lehre verband er westliches und östliches Denken, Philosophie, alltägliches Leben und die Einsichten der Wissenschaften. Seine Ideen basieren auf der Lehre des *Vedanta*, den er – und das ist ganz neu – als eine universale Religion verstand und nicht nur, wie traditionell, für (indische) Asketen geeignet und gedacht. Dabei betont er die Bedeutung der persönlichen Erfahrung und die verändernde Wirkung bis in die Gesellschaft hinein.

Durch seine kraftvolle und überzeugende Art zu reden, gewann er schnell viele Anhänger in Ost und West und wurde sehr populär.

Vivekananda erklärt auf wunderbare, ausführliche Weise die Struktur seiner Religion. Wer bislang nur ansatzweise mit dem Hinduismus und v.a. mit dem *Vedanta* vertraut ist, wird durch diese Lektüre in das Herz dieser Religion eindringen und zu einem tieferen Verständnis finden. In diesem Sinn wünsche ich dem Leser und der Leserin eine aufschlussreiche Lektüre.

In diesem dritten Band sind einige Dialoge, die Vivekananda mit mehreren Schülern führte, enthalten. Bedeutend sind auch die „Inspirierenden Gespräche auf den ‚Tausend Inseln'" (Inspired Talks)[1]. Vivekananda verbrachte im Sommer 1895 mehrere Wochen mit einer kleinen Schülergruppe im Thousand Island Park, einem Dorf auf Wellesley Island, der zweitgrößten Insel der Thousand-Island-Inselgruppe am St. Lawrence-Strom, wo er täglich Unterricht gab. Sara Ellen Waldo, eine seiner Schülerinnen und eine Teilnehmerin, schrieb seine Vorträge mit.[2]

Gabriele Ebert

---

[1] eine alte Übersetzung davon s.a.: Swami Vivekananda: Gespräche auf den tausend Inseln, Zürich, 1944
[2] Näheres zu diesem Seminar auf den Tausend Inseln s. Ebert, Gabriele: Vivekananda: Sein Leben, Norderstedt, 2023

Gespräche mit verschiedenen Schülern

(aus: Collected Works V)

Sri Surendra Nath Das Gupta

Eines Tages ging ich mit einigen meiner jungen Freunde, die zu verschiedenen Colleges gehörten, zum Belur Math, um Swamiji zu sehen. Wir saßen um ihn herum. Es wurden Gespräche über verschiedene Themen geführt. Kaum hatte man ihm eine Frage gestellt, gab er die schlüssigste Antwort. Plötzlich rief er, indem er auf uns deutete: „Ihr alle studiert verschiedene Schulen der europäischen Philosophie und Metaphysik und lernt neue Fakten über Nationalitäten und Länder. Könnt ihr mir sagen, was die Größte aller Wahrheiten im Leben ist?"

Wir begannen zu überlegen, konnten aber nicht erkennen, was er von uns hören wollte. Als keiner eine Antwort gab, rief er angeregt: „Seht her – wir werden alle sterben! Denkt immer daran. Dann wird der Geist in euch erwachen. Dann erst wird euer Geiz verschwinden. Die praktische Arbeit wird sich einstellen. Euer Geist und Körper werden neue Kraft bekommen, und auch diejenigen, die mit euch in Berührung kommen, werden spüren, dass sie etwas Erhebendes von euch erhalten."

Dann folgte dieses Gespräch zwischen ihm und mir:

Ich: „Aber, Swamiji, wird der Geist nicht bei dem Gedanken an den Tod zusammenbrechen und das Herz von Mutlosigkeit überwältigt werden?"

Swamiji: „So ist es. Zuerst wird einen der Mut verlassen, und Niedergeschlagenheit und düstere Gedanken werden deinen Geist besetzen. Aber bleibe hartnäckig. Lass die Tage vergehen – und dann? Dann wirst du sehen, dass neue Kraft in dein Herz gekommen ist, dass der ständige Gedanke an den Tod dir neues Leben gibt und dich immer nachdenklicher macht, indem er dir jeden Augenblick die Wahrheit des Sprichwortes vor Augen führt: ‚Eitelkeit der Eitelkeiten, alles ist eitel!' Warte! Lass Tage, Monate und Jahre vergehen, und du wirst spüren, dass der Geist in dir mit der Kraft eines Löwen erwacht, dass die kleine Kraft in dir sich in eine mächtige Kraft verwandelt! Denk immer an den Tod, und du wirst die Wahrheit eines jeden Wortes erkennen, das ich sage. Was soll ich noch mit Worten sagen!"

Einer meiner Freunde lobte Swamiji mit leiser Stimme.

Swamiji: „Lobe mich nicht. Lob und Tadel haben in unserer Welt keinen Wert. Sie wiegen einen Menschen nur wie auf einer Schaukel. Lob habe ich genug bekommen, Tadel habe ich auch ertragen müssen, aber was nützt es, daran zu denken! Soll doch jeder unbesorgt seine eigene Pflicht tun. Wenn der letzte Augenblick gekommen ist, werden Lob und Tadel für euch, für mich und für andere gleich sein. Wir sind hier, um zu arbeiten, und werden alles verlassen müssen, wenn der Ruf kommt."

Ich: „Wie klein wir doch sind, Swamiji!"

Swamiji: „Wie wahr! Das hast du gut gesagt! Denke an dieses unendliche Universum mit seinen Millionen und Abermillionen von Sonnensystemen, und denke daran, mit welch unendlicher, unbegreiflicher Kraft sie angetrieben werden, als wollten sie die Füße des einen Unbekannten berühren – und wie klein wir sind! Wo ist denn hier Platz, dass wir uns in Niedertracht und Gemeinheit ergehen? Was sollen wir hier gewinnen, wenn wir gegenseitige Feindschaft und Parteigeist pflegen? Nehmt meinen Rat an. Stellt euch ganz in den Dienst der anderen, wenn ihr von euren Colleges kommt. Glaubt mir, ihr werdet dann viel glücklicher sein, als wenn ihr eine ganze Schatzkammer voller Geld und anderer Wertgegenstände zur Verfügung hättet. Wenn ihr auf eurem Weg geht und anderen dient, werdet ihr auf dem Pfad des Wissens entsprechend vorankommen."

Ich: „Aber wir sind doch so arm, Swamiji!"

Swamiji: „Lass die Gedanken an die Armut beiseite! In welcher Hinsicht bist du arm? Fühlst du Bedauern, weil du keine Kutsche und kein Gespann oder Gefolge von Dienern hast, die dir zu Diensten sind? Was ist das schon? Du weißt kaum, dass dir im Leben nichts unmöglich ist, wenn du Tag und Nacht mit deinem Herzblut für andere arbeitest! Und siehe da, die andere Seite des geheiligten Flusses des Lebens steht offen vor deinen Augen – der Schleier des Todes ist verschwunden, und du bist der Erbe des wundersamen Reiches der Unsterblichkeit!"

Ich: „Oh, wie wir es genießen, vor dir zu sitzen, Swamiji, und deine lebensspendenden Worte zu hören!"

Swamiji: „Seht ihr, auf meinen Reisen durch Indien in all den Jahren bin ich vielen großen Seelen begegnet, vielen Herzen, die von liebender Güte überfließen, zu deren Füßen ich einen mächtigen Strom der Kraft in mein Herz strömen spürte, und die wenigen Worte, die ich zu euch spreche, erfolgen nur durch die Kraft dieses Stroms, die ich durch den Kontakt mit ihnen gewonnen habe! Glaubt nicht, dass ich selbst etwas Großes bin!"

Ich: „Aber Swamiji, wir betrachten dich als jemanden, der Gott verwirklicht hat!"

Kaum hatte ich diese Worte gesagt, als sich seine faszinierenden Augen mit Tränen füllten (oh, wie lebhaft sehe ich diese Szene noch jetzt vor meinen Augen), und er sprach mit einem Herzen, das vor Liebe überquillt, sanft und leise: „Bei jenen gesegneten Füßen ist die Vollkommenheit des Wissens, die von den *Jnanis* gesucht wird! Bei jenen gesegneten Füßen ist auch die Erfüllung der Liebe, die von den Liebenden gesucht wird! Oh, sagt, wohin sonst werden Männer und Frauen ihre Zuflucht nehmen als zu diesen gesegneten Füßen!"

Nach einer Weile sagte er: „Ach, was ist es für eine Torheit der Menschen in dieser Welt, ihre Tage damit zu verbringen, miteinander zu kämpfen und zu streiten, wie sie es tun! Aber wie lange können sie auf diese Weise weitermachen? Am Abend des Lebens (am Ende des gesamten wandernden Daseins) müssen sie alle nach Hause kommen, in die Arme der Mutter."

Sri Surendra Nath Sen aus seinem Tagebuch

Früh am Morgen kam ich zu Swamiji, der sich damals im Haus von Balaram Babu in der Ramkanta Bose Street 57 in Kalkutta aufhielt. Der Raum war voll mit Zuhörern. Swamiji sagte: „Wir wollen *Shraddha*, wir wollen Vertrauen in unser eigenes Selbst. Stärke ist Leben, Schwäche ist Tod. ‚Wir sind der *Atman*, unsterblich und frei, rein, von Natur aus rein. Können wir jemals eine Sünde begehen? Unmöglich!‘ Ein solcher Glaube ist notwendig. Ein solcher Glaube macht Menschen aus uns, macht Götter aus uns. Es ist der Verlust dieser Idee von *Shraddha*, der das Land in den Ruin geführt hat."

Frager: „Wie ist es dazu gekommen, dass wir dieses *Shraddha* verloren haben?"

Swamiji: „Wir haben von Kindesbeinen an eine negative Erziehung genossen. Wir haben nur gelernt, dass wir niemand sind. Selten wurde uns zu verstehen gegeben, dass in unserem Land jemals große Männer geboren wurden. Man hat uns nichts Positives beigebracht. Wir wissen nicht einmal, wie wir unsere Hände und Füße benutzen sollen! Wir beherrschen alle Fakten und Zahlen über die Vorfahren der Engländer, aber wir sind traurigerweise unaufmerksam gegenüber unseren eigenen. Wir haben nur Schwäche gelernt. Da wir eine besiegte Rasse sind, haben wir uns selbst zu der Überzeugung gebracht, dass wir schwach und in nichts unabhängig sind. Wie kann es also sein, dass *Shraddha* verloren geht? Die Idee des wahren *Shraddha* muss wieder in uns geweckt werden, der Glaube an unser eigenes Selbst muss wieder erweckt werden, und nur dann werden wir allmählich alle Probleme, mit denen unser Land konfrontiert ist, selbst lösen können."

Frager: „Wie kann das jemals geschehen? Wie soll *Shraddha* allein die zahllosen Übel beheben, mit denen unsere Gesellschaft behaftet ist? Außerdem gibt es im Land so viele schreiende Missstände, für deren Beseitigung der Indische Nationalkongress und andere patriotische Vereinigungen sich vehement einsetzen und Petitionen an die britische Regierung richten. Wie könnten ihre Anliegen besser bekannt gemacht werden? Was hat *Shraddha* mit dieser Angelegenheit zu tun?"

Swamiji: „Sag mir, wessen Wünsche sind das – eure oder die der Regierung? Wenn es eure sind, wird die Regierung sie für euch erfüllen, oder müsst ihr das selbst tun?"

Frager: „Aber es ist die Pflicht der Regierung, sich um die Bedürfnisse des Volkes zu kümmern. Zu wem sollten wir aufschauen, wenn nicht zum König?"

Swamiji: „Niemals werden die Bedürfnisse eines Bettlers erfüllt. Angenommen, die Regierung gibt euch alles, was ihr braucht, wo sind dann die Männer, die in der Lage sind, die geforderten Dinge zu bewerkstelligen? Beschafft also zuerst Männer. Männer wollen wir, und wie können Männer beschafft werden, wenn *Shraddha* nicht da ist?"

Frager: „Aber Herr, das ist nicht die Ansicht der Mehrheit."

Swamiji: „Was du als Mehrheit bezeichnest, besteht hauptsächlich aus Dummköpfen und Menschen mit einem gewöhnlichen Intellekt. Menschen, die einen Verstand haben, um für sich selbst zu denken, gibt es überall nur wenige. Diese wenigen Menschen mit Verstand sind die wahren Führer in allem und in jedem Bereich der Arbeit. Die Mehrheit wird von ihnen wie an einer Schnur geführt, und das ist gut so, denn alles geht gut, wenn sie in die Fußstapfen dieser Führer treten. Diejenigen, die sich für zu hoch halten, um sich jemandem zu beugen, sind nur Dummköpfe, und sie stürzen sich selbst ins Verderben, indem sie nach ihrem eigenen Urteil handeln. Ihr sprecht von sozialen Reformen? Aber was tut ihr? Alles, was ihr mit eurer Sozialreform meint, ist entweder die Wiederverheiratung von Witwen oder die Emanzipation der Frau oder etwas in dieser Art. Oder nicht? Und diese wiederum sind nur auf einige wenige Kasten bezogen. Ein solcher Reformplan mag zweifellos einigen wenigen zugutekommen, aber was nützt er der ganzen Nation? Ist das eine Reform oder nur eine Form des Egoismus – irgendwie den eigenen Raum zu säubern und in Ordnung zu halten, und den anderen geht es immer schlechter!"

Frager: „Du willst also sagen, dass es überhaupt keinen Bedarf an sozialen Reformen gibt?"

Swamiji: „Wer sagt das? Natürlich gibt es einen Bedarf dafür. Das meiste von dem, was du als Sozialreform bezeichnest, berührt die armen Massen nicht. Sie haben bereits die Dinge – die Wiederverheiratung von Witwen, die Emanzipation der Frau usw. –, nach denen du rufst. Aus diesem Grund werden sie diese Dinge überhaupt nicht als Reformen betrachten. Was ich damit sagen will, ist, dass der Mangel an *Shraddha* all die Übel unter uns hervorgebracht hat und immer mehr hervorbringt. Meine Behandlungsmethode besteht darin, die Ursachen der Krankheit an der Wurzel zu packen und sie nicht einfach zu unterdrücken. Reformen sollten wir in vielerlei Hinsicht haben. Wer wird so töricht sein, dies zu leugnen? Es gibt zum Beispiel einen guten Grund für Mischehen in Indien, ohne die die Rasse von Tag zu Tag körperlich schwächer wird."

Sonntag, 23. Januar 1898

Es war Abend und der Anlass für die wöchentliche Versammlung der Ramakrishna Mission im Haus von Balaram Babu in Baghbazar. Swami Turiyananda, Swami Yogananda, Swami Premananda und andere waren vom Math gekommen. Swamiji saß auf der Veranda im Osten, die jetzt voller Menschen war, ebenso wie der nördliche und der südliche Teil der Veranda. Aber das war jeden Tag der Fall, wenn Swamiji in Kalkutta weilte.

Viele Menschen, die zu dem Treffen kamen, hatten gehört, dass Swamiji gut singen konnte, und wollten ihn daher unbedingt hören. Da er dies wusste, flüsterte Meister Mahashaya (M.) einigen Herren in seiner Nähe zu, sie sollten Swamiji bitten, zu singen. Doch er durchschaute ihre Absicht und fragte spielerisch: „Meister Mahashaya, worüber flüstert ihr miteinander? Sprecht laut." Auf die Bitte von Meister Mahashaya begann Swamiji nun mit seiner bezaubernden Stimme das Lied „Bewahre die geliebte Mutter *Shyama* in deinem Herzen. ..." zu singen. […] Als es zu Ende war, sagte er zu Meister Mahashaya: „Nun, bist du jetzt zufrieden? Nicht mehr Gesang! Sonst werde ich vom Rausch des Gesangs mitgerissen. Außerdem ist meine Stimme durch die häufigen Vorträge im Westen geschädigt. Meine Stimme zittert sehr stark."

Swamiji bat dann einen seiner *Brahmachari*-Schüler, über die wahre Natur von *Mukti* zu sprechen. Also stand der *Brahmachari* auf und sprach ausführlich. Ein paar andere taten es ihm gleich. Swamiji lud dann zu einer Diskussion über das Thema der Rede ein und bat einen seiner Haushälter-Schüler, sie zu moderieren. Doch als dieser versuchte, *Advaita* und *Jnana* zu befürworten und Dualismus und *Bhakti* einen geringeren Stellenwert einzuräumen, stieß er auf den Protest eines Zuhörers. Als jeder der beiden

Kontrahenten versuchte, seinen eigenen Standpunkt darzulegen, kam es zu einem lebhaften Wortgefecht. Swamiji beobachtete sie eine Weile, doch als er sah, dass sie sich aufregten, brachte er sie mit den folgenden Worten zum Schweigen:

„Warum regt ihr euch auf, streitet und macht alles kaputt? Hört zu! Sri Ramakrishna pflegte zu sagen, dass reines Wissen und reine *Bhakti* ein und dasselbe sind. Nach der Lehre von *Bhakti* wird Gott als „All-Liebe" betrachtet. Man kann nicht einmal sagen: „Ich liebe Ihn", weil Er die All-Liebe ist. Es gibt keine Liebe außerhalb von Ihm selbst. Die Liebe, die im Herzen ist, mit der man Ihn liebt, ist Er selbst. In ähnlicher Weise sind alle Anziehungskräfte und Neigungen, von denen man sich angezogen fühlt, Er selbst. Der Dieb stiehlt, die Hure verkauft ihren Körper an die Prostitution, die Mutter liebt ihr Kind – in jedem von ihnen ist auch Er! Ein Weltsystem zieht ein anderes an – auch darin ist Er. Überall ist Er. Auch nach der Lehre von *Jnana* wird Er überall verwirklicht. Hier liegt die Versöhnung von *Jnana* und *Bhakti*. Wenn man in die höchste Ekstase der göttlichen Schau (*Bhava*) eingetaucht ist oder sich im Zustand von *Samadhi* befindet, dann hört der Gedanke der Dualität auf, und die Unterscheidung zwischen dem Gottgeweihten und seinem Gott verschwindet.

In den Schriften über *Bhakti* werden fünf verschiedene Wege der Beziehung erwähnt, durch die man zu Gott gelangen kann, aber ein weiterer kann sehr wohl zu ihnen hinzugefügt werden, nämlich der Weg der Meditation über die Ungetrenntheit oder das Einssein mit Gott. So kann der *Bhakta* auch die *Advaitins* als *Bhaktas* bezeichnen, aber von der nicht-differenzierenden Art. Solange man sich in der Region von *Maya* befindet, wird die Idee der Dualität zweifellos bestehen bleiben. Raum – Zeit – Verursachung oder Name und Form ist das, was *Maya* genannt wird. Wenn man über diese *Maya* hinausgeht, wird nur das Einssein verwirklicht, und dann ist der Mensch weder ein Dualist noch ein *Advaitin* – für ihn ist alles eins.

Der ganze Unterschied, den du zwischen einem *Bhakta* und einem *Jnani* feststellst, liegt in der Vorbereitungsphase – der eine sieht Gott im Außen, der andere sieht ihn im Inneren. Aber es gibt noch einen anderen Punkt: Sri Ramakrishna pflegte zu sagen, dass es eine weitere Stufe der *Bhakti* gibt, die man die höchste Hingabe (*Parabhakti*) nennt, d.h. Ihn zu lieben, nachdem man sich im Bewusstsein von *Advaita* gefestigt und *Mukti* erlangt hat.

Es mag paradox erscheinen und die Frage aufgeworfen werden, warum jemand, der bereits *Mukti* erlangt hat, den Wunsch haben sollte, den Geist der *Bhakti* beizubehalten? Die Antwort ist: Der *Mukta* oder Freie ist jenseits aller Gesetze. In seinem Fall gilt kein Gesetz, und daher kann keine Frage in Bezug auf ihn gestellt werden. Selbst wenn sie *Muktas* werden, behalten einige aus freiem Willen *Bhakti* bei, um von ihrer Süße zu kosten."

Frager: „Gott mag in der Liebe der Mutter zu ihrem Kind sein. Aber Herr, dieser Gedanke ist wirklich verwirrend, dass Gott sogar in den Dieben und Huren in Form ihrer natürlichen Neigung zur Sünde ist! Daraus folgt, dass Gott für die Sünde genauso verantwortlich ist wie für alle Tugenden in dieser Welt."

Swamiji: „Dieses Bewusstsein kommt in einem Stadium der höchsten Verwirklichung, wenn man sieht, dass alles, was dem Wesen nach Liebe oder Anziehung ist, Gott ist. Aber man muss diesen Zustand erreichen, um diesen Gedanken im wirklichen Leben zu sehen und zu verwirklichen."

Frager: „Aber man muss doch zugeben, dass Gott auch in der Sünde ist!"

Swamiji: „Siehst du, in Wirklichkeit gibt es keine so unterschiedlichen Dinge wie Gut und Böse. Sie sind lediglich konventionelle Begriffe. Dieselbe Sache nennen wir schlecht, und ein anderes Mal nennen wir sie gut, je nachdem, wie wir sie nutzen. Nehmen wir zum Beispiel dieses Lampenlicht. Durch sein Brennen sind wir in der Lage, zu sehen und verschiedene nützliche Dinge zu tun. Das ist eine Art, das Licht zu nutzen. Wenn du deine Finger hineinsteckst, werden sie verbrannt. Das ist eine andere Art, dasselbe Licht zu nutzen. Wir sollten also wissen, dass eine Sache gut oder schlecht wird, je nachdem, wie wir sie nutzen. Ähnlich verhält es sich mit Tugend und Laster. Grob gesagt wird der richtige Gebrauch einer der Fähigkeiten unseres Geistes und Körpers als Tugend bezeichnet, und ihre unsachgemäße Anwendung oder Verschwendung wird als Laster bezeichnet."

So wurden Fragen über Fragen gestellt und beantwortet. Jemand meinte: „Die Theorie, dass Gott sogar dort ist, wo ein Himmelskörper einen anderen anzieht, mag als Tatsache wahr sein oder nicht, aber man kann die hervorragende Poesie, die dieser Gedanke vermittelt, nicht leugnen."

Swamiji: „Nein, mein lieber Herr, das ist keine Poesie. Man kann ihre Wahrheit selbst erkennen, wenn man Wissen erlangt."

Nach dem, was Swamiji weiter zu diesem Punkt sagte, verstand ich ihn so, dass Materie und Geist, obwohl sie allem Anschein nach zwei verschiedene Dinge zu sein scheinen, in Wirklichkeit zwei verschiedene Formen einer Substanz sind. Und in ähnlicher Weise sind alle verschiedenen Kräfte, die uns bekannt sind, ob in der materiellen oder inneren Welt, nur verschiedene Formen der Manifestation einer Kraft. Wir nennen ein Ding Materie, wo sich diese geistige Kraft weniger manifestiert, und lebendig, wo sie sich mehr zeigt, aber es gibt nichts, was zu allen Zeiten und unter allen Bedingungen absolut Materie ist. Dieselbe Kraft, die sich in der materiellen Welt als Anziehung oder Gravitation zeigt, wird in den höheren geistigen Verwirklichungsstufen in ihrem feineren und subtileren Zustand als Liebe und dergleichen empfunden."

Frager: „Warum sollte es überhaupt diesen Unterschied in Bezug auf den individuellen Gebrauch geben? Warum sollte es überhaupt diese Neigung im Menschen geben, eine seiner Fähigkeiten schlecht oder unangemessen zu nutzen?"

Swamiji: „Diese Neigung ist das Ergebnis der eigenen vergangenen Handlungen (*Karma*). Alles, was der Mensch hat, ist sein eigenes Werk. Daraus folgt, dass es allein in der Hand jedes Einzelnen liegt, seine Neigungen zu kontrollieren und sie richtig zu lenken."

Frager: „Auch wenn alles das Ergebnis unseres *Karmas* ist, so muss es doch einen Anfang gehabt haben. Warum sollten unsere Neigungen am Anfang gut oder schlecht gewesen sein?"

Swamiji: „Woher willst du wissen, dass es einen Anfang gibt? Die *Srishti* (Schöpfung) ist ohne Anfang – das ist die Lehre der *Veden*. Solange es Gott gibt, gibt es auch die Schöpfung."

Frager: „Nun, Herr, warum ist diese *Maya* hier, und woher kommt sie?"

Swamiji: „Es ist ein Fehler, in Bezug auf Gott nach dem ‚Warum' zu fragen. Wir können dies nur in Bezug auf jemanden tun, der Mängel oder Unvollkommenheiten hat. Wie kann es ein ‚Warum' in Bezug auf Ihn geben, der keine Bedürfnisse hat und der das eine Ganze ist? Eine Frage wie ‚Woher ist *Maya* gekommen?' kann nicht gestellt werden. Zeit – Raum – Verursachung ist das, was *Maya* genannt wird. Du, ich und alle anderen befinden sich innerhalb dieser *Maya*. Und du fragst nach dem, was jenseits von *Maya* ist! Wie kannst du das tun, während du in *Maya* lebst?"

Wieder folgten viele Fragen. Das Gespräch drehte sich um die Philosophien von Mill, Hamilton, Herbert Spencer usw., und Swamiji ging zur Zufriedenheit aller auf sie ein. Alle staunten über den Umfang seiner westlichen philosophischen Gelehrsamkeit und die Schnelligkeit, mit der er antwortete.

Die Versammlung löste sich nach einem kurzen Gespräch über verschiedene Themen auf.

Sri Priya Nath Sinha

Unser Haus lag ganz in der Nähe von Swamijis Haus, und da wir Jungen aus demselben Stadtteil waren, spielte ich oft mit ihm. Seit meiner Kindheit fühlte ich mich besonders zu ihm hingezogen, und ich war fest davon überzeugt, dass er ein großer Mann werden würde. Als er ein *Sannyasin* wurde, dachten wir, dass das Versprechen einer glänzenden Karriere für einen solchen Mann vergeblich war.

Später, als er nach Amerika ging, las ich in den Zeitungen Berichte über seine Vorträge beim Parlament der Religionen in Chicago und andere, die er an verschiedenen Orten in Amerika gehalten hatte, und ich dachte, dass Feuer niemals unter einem Tuch verborgen bleiben kann. Das Feuer, das in Swamiji steckte, war jetzt zu einer Flamme entbrannt. Die Knospe war nach so vielen Jahren aufgeblüht.

Nach einiger Zeit erfuhr ich, dass er nach Indien zurückgekehrt war und in Madras feurige Vorträge gehalten hatte. Ich las sie und wunderte mich, dass es in der Hindu-Religion so erhabene Wahrheiten gab und dass sie so klar erklärt werden konnten. Was für eine außergewöhnliche Macht hatte er! War er ein Mensch oder ein Gott?

Als Swamiji nach Kalkutta kam, herrschte große Begeisterung, und wir folgten ihm in das Gartenhaus der Sils am Ganges in Cossipore. Ein paar Tage später hielt der „Junge aus Kalkutta" in der Residenz von Raja Radhakanta Dev einen inspirierenden Vortrag vor einer riesigen Menschenmenge als Antwort auf eine Willkommensrede, und Kalkutta hörte ihn zum ersten Mal und war in Bewunderung versunken. Aber das sind Fakten, die allen bekannt sind.

Nach seiner Ankunft in Kalkutta war ich sehr darauf bedacht, ihn einmal allein zu sehen und mich frei mit ihm unterhalten zu können, wie in unserer Jugendzeit. Aber es gab immer eine Ansammlung eifriger Fragesteller um ihn herum, und die Gespräche gingen ohne Unterbrechung weiter. So bekam ich einige Zeit lang keine Gelegenheit dazu, bis wir eines Tages im Garten am Ufer des Ganges spazieren gingen. Er begann sofort, wie in alten Zeiten mit mir, dem Spielkameraden seiner Kindheit, zu sprechen. Kaum waren ein paar Worte zwischen uns gewechselt, da kam wiederholt die Mitteilung, dass viele Herren gekommen waren, um ihn zu sehen. Schließlich wurde er ein wenig ungeduldig und sagte zu dem Boten: „Gib mir einen kleinen Aufschub, mein Sohn. Lass mich ein paar Worte mit diesem Gefährten aus meiner Jugendzeit sprechen. Lass mich eine Weile an der frischen Luft bleiben. Geh und begrüße die, die gekommen sind. Bitte sie, sich zu setzen, biete ihnen Tabak an und bitte sie, ein wenig zu warten."

Als wir wieder allein waren, fragte ich ihn: „Nun, Swamiji, du bist ein *Sadhu* (heiliger Mann). Es wurde Geld für deinen Empfang hier gesammelt, und ich dachte, dass du angesichts der Hungersnot in diesem Land ein Telegramm schreiben würdest, bevor du in Kalkutta ankommst, in dem du sagst: ‚Gebt keinen einzigen Penny für meinen Empfang aus, sondern spendet die gesamte Summe an den Hungerhilfefonds.' Aber ich habe festgestellt, dass du nichts dergleichen getan hast. Wie kam das?"

Swamiji: „Nun, ich wollte vielmehr, dass eine große Begeisterung geweckt wird. Verstehst du nicht: Wie würden die Menschen ohne so etwas zu Sri Ramakrishna hingezogen und in seinem Namen angefeuert werden? Wurde diese Ovation für mich persönlich gemacht, oder wurde dadurch nicht sein Name verherrlicht? Sieh, wie viel Durst im Geist der Menschen entstanden ist, etwas über ihn zu erfahren! Nun werden sie nach und nach von ihm erfahren, und wird das nicht dem Wohl des Landes förderlich sein? Wenn die Menschen den nicht kennen, der für das Wohl des Landes gekommen ist, wie kann ihnen dann Gutes widerfahren? Wenn sie wissen, was er wirklich war, wird das Männer – echte Männer – hervorbringen. Und wenn es solche Männer gibt, wie lange wird es dauern, Hungersnöte usw. aus dem Land zu vertreiben? Ich sage also, dass ich mir eher wünsche, dass es in Kalkutta eine gewisse Betriebsamkeit und Aufregung gibt, damit die Öffentlichkeit geneigt ist, an die Mission von Sri Ramakrishna zu glauben. Was hätte es sonst für einen Sinn, so viel Aufhebens um meinetwillen zu machen? Was kümmert es mich? Bin ich jetzt größer geworden als damals, als ich mit dir in deinem Haus spielte? Ich bin derselbe, der ich früher war. Sag mir, findest du irgendeine Veränderung an mir?"

Obwohl ich sagte: „Nein, ich kann keine nennenswerten Veränderungen feststellen", dachte ich in Gedanken: „Du bist jetzt tatsächlich ein Gott geworden."

Swamiji fuhr fort: „Die Hungersnot ist zu einer konstanten Größe in unserem Land geworden. Sie ist eine Art von Verderben. Gibt es in irgendeinem anderen Land so häufige Hungersnöte? Nein, denn in anderen Ländern gibt es Menschen, während bei uns die Menschen zu einer toten Materie geworden sind, die ganz träge ist. Die Menschen sollen zuerst lernen, ihrer selbstsüchtigen Natur zu entsagen, indem sie Sri Ramakrishna studieren, indem sie ihn so kennenlernen, wie er wirklich war, und dann werden von ihnen wirkliche Anstrengungen ausgehen, um die häufig wiederkehrenden Hungersnöte zu beenden. Nach und nach werde auch ich Anstrengungen in dieser Richtung unternehmen. Du wirst sehen."

Ich: „Das wird gut sein. Dann wirst du hier viele Vorträge halten, nehme ich an. Wie soll sonst sein Name gepredigt werden?"

Swamiji: „Was für ein Blödsinn! Nichts dergleichen! Gibt es noch irgendetwas, womit sein Name bekannt gemacht werden kann? Auf diesem Gebiet ist genug getan worden. Vorträge werden in diesem Land nichts bewirken. Unsere gebildeten Landsleute würden sie hören und bestenfalls jubeln und in die Hände klatschen und sagen: ‚Gut gemacht.' Das ist alles. Dann würden sie nach Hause gehen und, wie wir sagen, alles, was sie gehört haben, mit ihrem Essen verdauen! Was nützt es, auf ein rostiges altes Eisen einzuhämmern? Es wird nur in Stücke zerbröckeln. Man muss es erst rotglühend machen. Dann kann es durch Hämmern in jede beliebige Form gebracht werden. Es wird in unserem Land nichts nützen, wenn wir dem Volk nicht ein glühendes und lebendiges Beispiel geben. Was wir brauchen, sind junge Männer, die auf alles verzichten und ihr Leben für ihr Land opfern. Wir sollten zuerst ihr Leben formen, und dann können wir wirkliche Arbeit erwarten."

Ich: „Nun, Swamiji, es hat mich immer verwundert, dass du, anstatt etwas für sie zu tun, nach England und Amerika gegangen bist, um den Hinduismus zu predigen, während die Menschen unseres Landes, die ihre eigene Religion nicht verstehen konnten, fremde Religionen wie das Christentum, den Islam usw. annahmen."

Swamiji: „Siehst du nicht, dass sich die Umstände jetzt geändert haben? Haben die Menschen in unserem Land noch die Kraft, die wahre Religion anzunehmen und zu praktizieren? Was sie haben, ist nur der Stolz auf sich selbst, dass sie sehr *sattvisch* sind. Es gab eine Zeit, da waren sie zweifellos *sattvisch*, aber jetzt sind sie sehr tief gefallen. Der Fall von *Sattva* stürzt einen kopfüber ins *Tamas*! Das ist es, was mit ihnen geschehen ist. Glaubst du, dass ein Mensch, der sich überhaupt nicht anstrengt, der nur den Namen *Hari* wiederholt und sich in einem Zimmer einschließt, der ruhig und gleichgültig bleibt, selbst wenn er vor seinen Augen ein riesiges Ausmaß an Unrecht und Gewalt sieht, das anderen angetan wird, die Qualität von *Sattva* besitzt? Nichts dergleichen. Er ist nur von dunklem *Tamas* umhüllt. Wie können die Menschen eines Landes Religion praktizieren, wenn sie nicht einmal genügend Nahrung bekommen, um ihren Hunger zu stillen? Wie kann Entsagung zu den Menschen eines Landes kommen, in deren Geist die Wünsche nach *Bhoga* (Genuss) nicht im Geringsten gestillt wurden? Findet deshalb zuerst die Mittel und Wege heraus, mit denen die Menschen genug zu essen und genug Luxus haben können, um das Leben ein wenig zu genießen. Dann wird sich allmählich wahres *Vairagya* (Leidenschaftslosigkeit) einstellen, und sie werden fähig und bereit sein, die Religion im Leben zu verwirklichen.

Wie voll von *Rajas* sind die Menschen in England und Amerika! Sie haben sich an allen Arten von weltlichen Vergnügungen sattgesehen. Außerdem nimmt das Christentum als Religion des Glaubens und des Aberglaubens denselben Rang ein wie unsere Religion der *Puranas*. Mit der Verbreitung von Bildung und Kultur können die Menschen des Westens darin keinen Frieden mehr finden. Ihr gegenwärtiger Zustand ist so, dass sie mit einem einzigen Auftrieb das *Sattva* erreichen können. Würdet ihr in diesen Tagen die Worte eines in Lumpen gekleideten *Sannyasins* genauso akzeptieren wie die eines Bleichgesichts (Westlers), das zu euch kommt und über eure eigene Religion spricht?"

Ich: „Genau, Swamiji! Herr N. N. Ghosh (ein berühmter Rechtsanwalt, Journalist und Pädagoge aus Kalkutta) spricht auch genau in diesem Sinne."

Swamiji: „Ja, wenn meine westlichen Schüler, nachdem sie die richtige Ausbildung und Erleuchtung erlangt haben, in großer Zahl hierherkommen und dich fragen werden: ‚Was macht ihr alle? Warum seid ihr so wenig gläubig? Inwiefern sind eure Riten und Religion, Sitten, Gebräuche und Moral in irgendeiner Weise minderwertig? Wir halten eure Religion sogar für die höchste!" – dann werdet ihr sehen, dass viele unserer großen und einflussreichen Leute sie hören werden. So werden sie diesem Land unendlich viel Gutes tun können. Denkt nicht einen Moment lang, dass sie kommen werden, um für euch die Position von Religionslehrern einzunehmen. Sie werden zweifellos euer Guru in Bezug auf praktische Wissenschaften usw. sein, um die materiellen Bedingungen zu verbessern, und die Menschen unseres Landes werden ihr Guru in allem sein, was mit Religion zu tun hat. Diese Beziehung von Guru und Schüler auf dem Gebiet der Religion wird für immer zwischen Indien und dem Rest der Welt bestehen."

Ich: „Wie kann das sein, Swamiji? Wenn man bedenkt, mit welchem Gefühl des Hasses sie auf uns blicken, scheint es unwahrscheinlich, dass sie uns jemals aus rein selbstlosen Motiven heraus Gutes tun werden."

Swamiji: „Sie finden viele Gründe, uns zu hassen, und so können sie sich dafür rechtfertigen. Erstens sind wir eine besiegte Rasse, und außerdem gibt es nirgendwo auf der Welt eine solche Nation von Bettlern wie wir! Die Massen, die die untersten Kasten bilden, haben durch die ständige Tyrannei der höheren Kasten und dadurch, dass sie von ihnen auf Schritt und Tritt mit Schlägen und Tritten behandelt wurden, ihre Männlichkeit völlig verloren und sind wie berufsmäßige Bettler geworden. Und diejenigen, die eine Stufe höher als diese stehen, hängen, nachdem sie ein paar Seiten Englisch gelesen haben, mit Bittschriften in der Hand an den Türschwellen öffentlicher Ämter herum. Wenn eine Stelle für zwanzig oder dreißig Rupien frei wird, bewerben sich fünfhundert B.A.s und M.A.s um sie! Und, meine Güte, wie seltsam formuliert sind diese Bitten! ‚Ich habe zu Hause nichts zu essen, mein Herr, meine Frau und meine Kinder hungern. Ich bitte dich inständig, mein Herr, mir Mittel zu geben, um mich und meine Familie zu versorgen, sonst werden wir verhungern!' Selbst wenn sie sich in den Dienst stellen, werfen sie jede Selbstachtung in den Wind und ergeben sich der Knechtschaft in ihrer schlimmsten Form.

So sieht also der Zustand der Massen aus. Die hochgebildeten, prominenten Männer unter euch schließen sich in Vereinen zusammen und schreien lauthals: ‚Ach, Indien geht zugrunde, Tag für Tag! Oh, ihr englischen Herrscher, nehmt unsere Landsleute in die höheren Ämter des Staates auf, befreit uns von Hungersnöten' und so weiter, und so schreien sie Tag und Nacht mit dem ewigen Ruf ‚Gebt' und ‚Gebt'! Der einzige Grundgedanke ihrer Rede ist: ‚Gebt uns, gebt uns mehr, ihr Engländer!' Du liebe Zeit, was werden sie dir noch geben? Sie haben dem Lande Eisenbahnen, Telegraphen, eine geordnete Verwaltung gegeben – haben die Räuberei fast völlig bezwungen, haben wissenschaftliche Bildung gegeben – was werden sie noch geben?

Was gibt jemand anderer mit vollkommener Uneigennützigkeit? Nun, sie haben euch so viel gegeben. Lasst mich fragen, was habt ihr ihnen im Gegenzug gegeben?"

Ich: „Was haben wir zu geben, Swamiji? Wir zahlen Steuern."

Swamiji: „Tut ihr das wirklich? Gebt ihr ihnen aus eigenem Willen Steuern, oder verlangen sie sie gezwungenermaßen, weil sie den Frieden im Lande bewahren? Sagt mir ganz offen, was gebt ihr ihnen als Gegenleistung für all das, was sie für euch getan haben? Ihr habt ihnen auch etwas zu geben, was sie nicht haben. Ihr geht nach England, aber das auch im Gewand eines Bettlers – und bittet um Bildung. Manche gehen dorthin, und was sie höchstens dort tun, ist vielleicht, in einigen Reden die Religion der Westler zu loben und dann zurückzukehren. Was für eine Leistung, in der Tat! Habt ihr ihnen denn nichts zu geben? Ihr habt einen unschätzbaren Schatz, den ihr ihnen geben könnt – gebt ihnen eure Religion, gebt ihnen eure Philosophie! Studiert die Geschichte der ganzen Welt, und ihr werdet sehen, dass jedes hohe Ideal, dem ihr irgendwo begegnet, seinen Ursprung in Indien hat. Seit undenklichen Zeiten ist Indien die Mine wertvoller Ideen für die menschliche Gesellschaft gewesen. Es hat hohe Ideen hervorgebracht und sie frei über die ganze Welt verbreitet. Die Engländer sind heute in Indien, um diese höheren Ideale zu sammeln, um eine Kenntnis des *Vedanta* zu erwerben, um in die tiefen Geheimnisse dieser ewigen Religion, die die eure ist, einzudringen. Gebt ihnen wertvolle Edelsteine im Austausch für das, was ihr von ihnen erhaltet.

Der Herr hat mich in ihr Land gebracht, um die Schmach des Bettlers zu beseitigen, die uns von ihnen zugeschrieben wird. Es ist nicht richtig, nach England zu gehen, nur um dort zu betteln. Warum sollten sie uns immer Almosen geben? Tut das jemand für immer? Es ist nicht das Gesetz der Natur, immer mit ausgestreckten Händen wie ein Bettler Geschenke anzunehmen. Geben und Nehmen ist das Gesetz der Natur. Jeder Einzelne, jede Klasse oder Nation, die dieses Gesetz nicht befolgt, hat keinen Erfolg im Leben. Auch wir müssen dieses Gesetz befolgen. Deshalb bin ich nach Amerika gegangen. Der Durst der Menschen dort nach Religion ist jetzt so groß, dass es genug Platz gibt, selbst wenn Tausende von Männern wie ich gehen. Sie haben euch seit langem von dem Reichtum, den sie besitzen, gegeben, und nun ist es an der Zeit, dass ihr euren unschätzbaren Schatz mit ihnen teilt. Und ihr werdet sehen, wie ihre Gefühle des Hasses schnell durch die des Glaubens, der Hingabe und der Ehrfurcht vor euch ersetzt werden, und wie sie eurem Land auch ohne Aufforderung Gutes tun werden. Sie sind ein Volk von Helden – sie vergessen nie, was man ihnen Gutes getan hat."

Ich: „Nun, Swamiji, in deinen Vorträgen im Westen hast du häufig und wortgewaltig auf unsere charakteristischen Talente und Tugenden hinge-wiesen und viele überzeugende Beweise angeführt, um unsere ganz und gar beseelte Liebe zur Religion zu zeigen. Aber jetzt sagst du, dass wir voller *Tamas* geworden sind. Und gleichzeitig ermächtigst du uns als Lehrer der ewigen Religion der *Rishis* in der Welt! Wie ist das möglich?"

Swamiji: „Willst du damit sagen, dass ich von Land zu Land ziehen soll, um vor der Öffentlichkeit deine Schwächen darzulegen? Sollte ich nicht eher die charakteristischen Tugenden, die euch als Nation auszeichnen, vor ihnen hochhalten? Es ist immer gut, einem Menschen seine Fehler direkt und freundlich mitzuteilen, um ihn davon zu überzeugen, damit er sich selbst korrigiert – aber man sollte vor anderen seine Tugenden herausposaunen. Sri Ramakrishna pflegte zu sagen, dass, wenn man einem schlechten Men-schen wiederholt sagt, er sei gut, er mit der Zeit gut wird. Ebenso wird ein guter Mensch schlecht, wenn man ihn ständig so nennt.

Dort im Westen habe ich den Menschen genug über ihre Unzulänglichkeiten gesagt. Wohlgemerkt, bis zu meiner Zeit haben alle, die aus unserem Land in den Westen gegangen sind, ihnen Loblieder auf ihre Tugenden gesungen und ihnen nur unsere Fehler vorgespielt. Daher ist es kein Wunder, dass sie uns hassen gelernt haben. Aus diesem Grund habe ich ihnen eure Tugenden vor Augen geführt und sie auf ihre Laster hingewiesen, so wie ich euch jetzt von euren Schwächen und ihren Vorzügen erzähle. Wie sehr du auch von *Tamas* erfüllt sein magst, etwas von der Natur der alten *Rishis*, wie gering sie auch sein mag, ist zweifellos noch in dir – zumindest das Gerüst davon. Aber das bedeutet nicht, dass man es eilig haben sollte, sofort die Rolle eines Religionslehrers zu übernehmen und in den Westen zu gehen, um zu predi-gen. Zuallererst muss man sein religiöses Leben vollständig in der Einsam-keit gestalten, muss vollkommen in der Entsagung sein und *Brahmacharya* ohne Unterbrechung bewahren. Das *Tamas* ist in dich eingedrungen – was ist damit? Kann das *Tamas* nicht zerstört werden? Das kann in weniger als einer Stunde geschehen! Um dieses *Tamas* zu zerstören, ist Bhagavan Sri Ramakrishna zu uns gekommen."

Ich: „Aber wer kann danach streben, so zu sein wie du, Swamiji?"

Swamiji: „Glaubt ihr denn, dass es nach meinem Tod keine Vivekanandas mehr geben wird? Die jungen Männer, die vorhin vor mir musiziert haben und die ihr alle verachtet, weil sie süchtig nach Rauschmitteln sind und als wertlose Kerle betrachtet, können, wenn der Herr es will, alle zu Vivekanandas werden! Es wird keinen Mangel an Vivekanandas geben, wenn die Welt sie braucht – Tausende und Millionen von Vivekanandas werden erscheinen – woher, wer weiß! Seid euch sicher, dass die von mir geleistete Arbeit nicht die Arbeit Vivekanandas ist, sondern Seine Arbeit – die Arbeit des Herrn selbst! Wenn ein Generalgouverneur in den Ruhestand geht, wird der Kaiser mit Sicherheit einen anderen an seine Stelle schicken. Wie sehr du auch von *Tamas* umhüllt sein magst, wisse, dass sich all das auflösen wird, wenn du zu Ihm Zuflucht nimmst, indem du bis zum Kern deines Herzens aufrichtig bist. Die Zeit ist jetzt günstig, denn der Arzt für die Weltkrankheit ist gekommen. Wenn du seinen Namen annimmst und dich an die Arbeit machst, wird er alles durch dich vollbringen. *Tamas* wird sich in das höchste *Sattva* verwandeln!"

Ich: „Was immer du auch sagen magst, ich kann mich nicht dazu durchringen, an diese Worte zu glauben. Wer kann schon die rhetorische Kraft aufbringen, die Philosophie zu erklären, die du hast?"

Swamiji: „Du weißt es nicht! Diese Kraft kann zu allen kommen. Diese Kraft kommt zu demjenigen, der zwölf Jahre lang ununterbrochen *Brahmacharya* praktiziert, mit dem einzigen Ziel, Gott zu verwirklichen. Ich selbst habe diese Art von *Brahmacharya* praktiziert, und so ist sozusagen ein Schleier von meinem Gehirn entfernt worden. Aus diesem Grund muss ich nicht mehr über Vorträge zu einem so subtilen Thema wie Philosophie nachdenken oder mich darauf vorbereiten. Nehmen wir an, ich muss morgen einen Vortrag halten. Alles, worüber ich sprechen werde, zieht heute Abend wie viele Bilder vor meinen Augen vorbei, und am nächsten Tag fasse ich während meines Vortrags all das in Worte, was ich gesehen habe. So werdet ihr nun verstehen, dass es keine Kraft ist, die ausschließlich mir gehört. Wer zwölf Jahre lang ununterbrochen *Brahmacharya* praktiziert, wird sie sicherlich haben. Wenn ihr das tut, werdet auch ihr sie bekommen. Unsere

Shastras sagen nicht, dass nur diese und jene Person sie bekommen wird und andere nicht!"

Ich: „Erinnerst du dich, Swamiji: Eines Tages, bevor du *Sannyasa* genommen hast, saßen wir im Haus von …, und du hast versucht, uns das Geheimnis von *Samadhi* zu erklären. Und als ich die Wahrheit deiner Worte in Frage stellte und sagte, dass *Samadhi* in diesem *Kali Yuga* nicht möglich sei, hast du mit Nachdruck gefordert: ‚Willst du *Samadhi* sehen oder es selbst haben? Ich habe *Samadhi*, und ich kann dafür sorgen, dass du es bekommst!‘ Kaum hattest du das gesagt, kam ein Fremder, und wir haben das Thema nicht weiter verfolgt."

Swamiji: „Ja, ich erinnere mich daran."

Später, als ich ihn drängte, mir *Samadhi* zu geben, sagte er: „Siehst du, nachdem ich mehrere Jahre lang ununterbrochen Vorträge gehalten und hart gearbeitet habe, ist die Eigenschaft von *Rajas* in mir zu vorherrschend geworden. Daher liegt diese Kraft jetzt sozusagen verdeckt in mir. Wenn ich alle Arbeit liegen lasse, in den Himalaya gehe und eine Zeit lang in der Einsamkeit meditiere, dann wird diese Kraft wieder in mir zum Vorschein kommen."

Ein oder zwei Tage später, als ich aus meinem Haus kam, um Swamiji einen Besuch abzustatten, traf ich zwei meiner Freunde, die den Wunsch äußerten, mich zu begleiten, denn sie wollten Swamiji etwas über *Pranayama* fragen. Ich hatte gehört, dass man einen Tempel oder einen *Sannyasin* nicht besuchen sollte, ohne eine Opfergabe mitzubringen. So nahmen wir einige Früchte und Süßigkeiten mit und legten sie vor ihn hin. Swamiji nahm sie in seine Hände, hob sie zu seinem Kopf und verneigte sich vor uns, bevor auch wir ihm unsere Ehrerbietung erwiesen. Einer der beiden Freunde, die mich begleiteten, war ein Mitschüler von ihm gewesen. Swamiji erkannte ihn sofort und erkundigte sich nach seiner Gesundheit und seinem Wohlergehen. Dann ließ er uns neben sich Platz nehmen.

Es waren noch viele andere da, die gekommen waren, um ihn zu sehen und zu hören. Nachdem er den Herren einige Fragen beantwortet hatte, begann Swamiji im Laufe seines Gesprächs über *Pranayama* zu sprechen. Zunächst erklärte er mit Hilfe der modernen Wissenschaft den Ursprung der Materie aus dem Geist und fuhr dann fort zu zeigen, was *Pranayama* ist. Wir drei hatten zuvor sorgfältig sein Buch mit dem Titel *Raja*-Yoga gelesen. Aber nach dem, was wir an diesem Tag von ihm über *Pranayama* hörten, schien es mir, dass nur sehr wenig von dem Wissen, das in ihm steckte, in diesem Buch aufgezeichnet worden war. Ich weiß auch, dass das, was er sagte, kein bloßes Bücherwissen war, denn wer könnte all die komplizierten Probleme der Religion so klar und ausführlich erklären, sogar mit Hilfe der Wissenschaft, ohne selbst die Wahrheit zu erkennen?

Sein Gespräch über *Pranayama* dauerte von halb vier Uhr bis halb acht Uhr abends. Als sich die Versammlung auflöste und wir gingen, fragten mich meine Begleiter, woher Swamiji die Fragen kannte, die in ihren Herzen waren, und ob ich ihm ihren Wunsch, diese Fragen zu stellen, mitgeteilt hätte.

Ein paar Tage danach sah ich Swamiji im Haus des verstorbenen Priya Nath Mukherjee in Baghbazar. Swami Brahmananda, Swami Yogananda, Mr. G. C. Ghosh, Atul Babu und ein oder zwei andere Freunde waren anwesend. Ich sagte: „Nun, Swamiji, die beiden Herren, die dich neulich besucht haben, wollten dir einige Fragen über *Pranayama* stellen, die ihnen durch die Lektüre deines Buches über *Raja-Yoga* in den Sinn gekommen waren, und sie hatten mir davon erzählt. Aber bevor sie dich an diesem Tag etwas fragen konnten, hast du selbst diese Zweifel, die ihnen in den Sinn gekommen waren, angesprochen und gelöst! Sie waren sehr erstaunt und fragten mich, ob ich dich vorher über ihre Zweifel informiert hätte." Swamiji antwortete: „Ähnliche Vorfälle haben sich im Westen häufig ereignet, und die Leute fragten mich oft: ‚Woher wusstest du die Fragen, die uns aufgewühlt haben?' Dieses Wissen kommt bei mir nicht so oft vor, aber bei Sri Ramakrishna war es fast immer da."

In diesem Zusammenhang fragte Atul Babu ihn: „Du hast in *Raja-Yoga* gesagt, dass man alles über seine früheren Geburten erfahren kann. Kennst du sie selbst?"

Swamiji: „Ja, das tue ich."

Atul Babu: „Was weißt du? Hast du etwas dagegen, es zu erzählen?"

Swamiji: „Ich kann sie kennen – ich kenne sie – aber ich ziehe es vor, nichts im Detail zu sagen."

Swamiji: „Diese Idee muss jedem gepredigt werden – Arbeit, Arbeit, endlose Arbeit – ohne auf die Ergebnisse zu schauen und immer den ganzen

Geist und die Seele unerschütterlich bei den Lotusfüßen des Herrn zu halten!"

Frager: „Aber ist das nicht *Karma*-Yoga?"

Swamiji: „Ja, das ist *Karma*-Yoga. Aber ohne spirituelle Übungen wirst du niemals in der Lage sein, diesen *Karma*-Yoga zu machen. Du musst die vier verschiedenen Yogas in Einklang bringen. Wie kannst du sonst deinen Geist und dein Herz immer ganz auf den Herrn gerichtet halten?"

Frager: „Es wird allgemein gesagt, dass Arbeit im Sinne der Gita die Durchführung vedischer Opfer und religiöser Übungen bedeutet. Jede andere Art von Arbeit ist sinnlos."

Swamiji: „Richtig, aber du musst es umfassender machen. Wer ist verantwortlich für jede Handlung, die du tust, jeden Atemzug, den du nimmst, und jeden Gedanken, den du denkst? Bist du es nicht selbst?"

Freund: „Ja und nein. Ich kann das nicht eindeutig lösen. Die Wahrheit ist, dass der Mensch das Instrument und der Herr das Mittel ist. Wenn ich also von Seinem Willen geleitet werde, bin ich für meine Handlungen überhaupt nicht verantwortlich."

Swamiji: „Nun, das kann man nur im höchsten Zustand der Verwirklichung sagen. Wenn der Geist durch Arbeit gereinigt wird und du siehst, dass Er es ist, der alles bewirkt, dann hast du das Recht, so zu sprechen. Andernfalls ist das alles Unsinn, ein bloßes Geschwätz."

Frager: „Warum ist das so, wenn man wirklich davon überzeugt ist, dass der Herr allein alle Handlungen veranlasst?"

Swamiji: „Es mag gut sein, wenn man überzeugt ist. Aber das gilt nur für diesen Moment, und danach nicht mehr. Nun, überlege einmal gründlich, ob du alles, was du in deinem Alltag tust, nicht mit der egoistischen Vorstellung tust, dass du selbst der Handelnde bist. Wie lange erinnerst du dich daran, dass es der Herr ist, der dich arbeiten lässt? Aber wenn du es immer wieder auf diese Weise analysierst, wirst du zu einem Zustand kommen, in dem das Ego verschwindet und an seiner Stelle der Herr tritt. Dann wirst du in der Lage sein, mit Recht zu sagen: ‚Du, Herr, bewachst alle meine Handlungen von innen.' Aber, mein Freund, wenn das Ego den ganzen Raum deines

Herzens einnimmt, wo wird dann noch Platz für den Herrn sein? Der Herr ist wahrlich abwesend!"

Frager: „Aber ist es Er, der mir den bösen Impuls gibt?"

Swamiji: „Nein, ganz und gar nicht. Es wäre eine Lästerung des Herrn, so zu denken. Er stiftet dich nicht zu bösen Handlungen an. Es ist alles das Werk deines Wunsches nach Selbstbefriedigung. Wenn jemand sagt, der Herr veranlasse alles, was er tut, und vorsätzlich auf falschen Handlungen beharrt, bringt das nur Verderben über ihn. Das ist der Ursprung der Selbsttäuschung. Hast du nicht ein Hochgefühl, nachdem du eine gute Tat vollbracht hast? Man gibt sich dann selbst die Ehre, etwas Gutes getan zu haben – man kann nicht anders. Das ist sehr menschlich. Aber wie absurd ist es, die gute Tat sich selbst anzurechnen und dem Herrn die Schuld für die böse Tat zu geben! Das ist ein höchst gefährlicher Gedanke – die Auswirkung von schlecht verdauter Gita und *Vedanta*.

Vertritt niemals diese Ansicht. Sage vielmehr, dass Er das gute Werk geschehen lässt, während du für die böse Tat verantwortlich bist. Das wird Hingabe und Glauben hervorbringen, und du wirst sehen, wie sich Seine Gnade bei jedem Schritt manifestiert. Die Wahrheit ist, dass niemand dich erschaffen hat – du hast dich selbst erschaffen. Das ist Unterscheidung, das ist *Vedanta*. Aber man versteht es nicht vor der Verwirklichung. Deshalb sollte der Aspirant mit dem dualistischen Standpunkt beginnen, dass der Herr die guten Handlungen verursacht, während er das Böse tut. Dies ist der einfachste Weg zur Läuterung des Geistes. Deshalb ist der Dualismus bei den Vishnuiten so stark ausgeprägt. Am Anfang ist es sehr schwierig, advaitische (nicht-dualistische) Ideen zu akzeptieren. Aber der dualistische Standpunkt führt allmählich zur Verwirklichung des *Advaita*.

Heuchelei ist immer eine gefährliche Sache. Wenn man sich nicht vorsätzlich selbst betrügt, das heißt, wenn man aufrichtig glaubt, dass auch der bösartigste Impuls vom Herrn ausgeht, dann kann man sicher sein, dass man diese gemeinen Taten nicht lange tun muss. Alle Unreinheiten des Geistes werden schnell vernichtet. Unsere alten Schriftgelehrten haben das gut verstanden. Und ich denke, dass die tantrische Form der Verehrung aus der Zeit stammt, als der Buddhismus zu schwinden begann und die Menschen aufgrund der Unterdrückung durch die Buddhisten begannen, ihre vedischen Opfer im Geheimen durchzuführen. Sie hatten keine Möglichkeit mehr, sie zwei Monate am Stück durchzuführen. Also fertigten sie Tonbilder an, verehrten sie und übergaben sie dem Wasser – und beendeten alles in einer Nacht, ohne die geringsten Spuren zu hinterlassen! Der Mensch sehnt sich nach einem konkreten Symbol, sonst ist sein Herz nicht zufrieden. So kam es, dass in jedem Haus dieses eine Nachtopfer stattfand. Wie Sri Ramakrishna zu sagen pflegte: ,Manche betreten das Haus durch den Eingang des Plünderers', so sahen die spirituellen Lehrer jener Zeit, dass auch diejenigen, die aufgrund ihrer bösen Neigungen keinen religiösen Ritus vollziehen konnten, einen Weg brauchten, um nach und nach auf den Pfad der Tugend zu gelangen. Für sie wurden diese seltsamen tantrischen Riten erfunden."

Frager: „Sie taten weiterhin böse Handlungen und hielten sie für gut. Wie konnte dies ihre bösen Neigungen beseitigen?"

Swamiji: „Nun, sie gaben ihren Neigungen eine andere Richtung. Sie taten sie, aber mit dem Ziel, den Herrn zu verwirklichen."

Frager: „Kann man das wirklich tun?"

Swamiji: „Es kommt auf dasselbe hinaus. Das Motiv muss stimmen. Und was sollte sie daran hindern, erfolgreich zu sein?"

Frager: „Aber viele geraten in durch Wein, Fleisch usw. in Versuchung und wollen mit solchen Mitteln auskommen."

Swamiji: „Deshalb ist Sri Ramakrishna gekommen. Die Zeiten, in denen das *Tantra* auf diese Weise praktiziert wurde, sind vorbei. Auch er hat das *Tantra* praktiziert, aber nicht auf diese Weise. Wo es das Gebot gibt, Wein zu trinken, berührte er einfach seine Stirn mit einem Tropfen davon. Die tantrische Form der Verehrung ist ein sehr schlüpfriger Boden. Deshalb sage ich, dass diese Provinz genug vom *Tantra* hat. Jetzt muss sie darüber hinausgehen. Die *Veden* sollten studiert werden. Eine Harmonie der vier Arten von Yoga muss praktiziert werden, und absolute Keuschheit muss bewahrt werden."

Frager: „Was meinst du mit der Harmonie der vier Yogas?"

Swamiji: „Unterscheidung zwischen dem Wirklichen und dem Unwirklichen, Leidenschaftslosigkeit und Hingabe, Arbeit und Übungen in Konzentration, und dazu muss eine ehrfürchtige Haltung gegenüber Frauen kommen."

Frager: „Wie kann man mit Ehrfurcht auf die Frauen schauen?"

Swamiji: „Nun, sie sind die Repräsentantinnen der Göttlichen Mutter. Und das wahre Wohlergehen Indiens wird von dem Tag an beginnen, an dem die Verehrung der Göttlichen Mutter wirklich beginnt und jeder Mann sich auf dem Altar der Mutter opfert."

Frager: „Swamiji, als du als Junge gefragt wurdest, ob du heiraten willst, hast du geantwortet: ‚Ich werde nicht heiraten, aber du wirst sehen, was aus mir wird.' Deine Worte haben sich tatsächlich bewahrheitet."

Swamiji: „Ja, lieber Bruder, du hast gesehen, wie es mir an Nahrung mangelte und ich außerdem hart arbeiten musste. Oh, was für eine enorme Arbeit! Heute haben mir die Amerikaner aus Liebe dieses schöne Bett gegeben, und ich habe auch etwas zu essen. Aber es ist mir auch nicht vergönnt, mich körperlich zu erholen – und das Liegen auf der Matratze verschlimmert meine Krankheit nur. Ich fühle mich sozusagen erdrückt. Ich muss mich unten auf den Boden legen, um Erleichterung zu bekommen!"

Sharat Chandra Chakravarty

Schüler: „Swamji, wie kommt es, dass du in diesem Land keine Vorträge hältst? Du hast Europa und Amerika mit deinen Vorträgen aufgewühlt, aber als du hierher zurückkamst, hast du geschwiegen."

Swamiji: „In diesem Land sollte der Boden zuerst vorbereitet werden. Wenn dann der Samen gesät ist, wird die Pflanze am besten aufgehen. Der Boden im Westen, in Europa und Amerika, ist sehr fruchtbar und geeignet für die Aussaat. Dort haben sie den Höhepunkt des *Bhoga* (Genusses) erreicht. Da sie mit *Bhoga* voll gesättigt sind, kommt ihr Geist selbst in diesen Genüssen nicht zur Ruhe, und sie haben das Gefühl, als ob sie etwas anderes wollen. In diesem Land gibt es weder *Bhoga* (Genuss) noch Yoga (Entsagung). Wenn man von *Bhoga* gesättigt ist, dann wird man den Lehren des Yoga zuhören und sie verstehen. Was nützen Vorträge in einem Land wie Indien, das zur Geburtsstätte von Krankheit, Kummer und Leid geworden ist und in dem die Menschen durch Hunger abgemagert und geistig schwach sind?"

Schüler: „Wie kann das sein? Sagst du nicht, dass unser Land das Land der Religion ist und dass die Menschen hier die Religion verstehen wie nirgendwo sonst? Warum wird dieses Land dann nicht von deiner inspirierenden Beredsamkeit beseelt und erntet die Früchte davon in vollem Umfang?"

Swamiji: „Verstehe jetzt, was Religion bedeutet. Das erste, was man braucht, ist die Verehrung der Kurma Inkarnation (Schildkröte), und der Bauchgott ist sozusagen diese Kurma. Solange ihr diesen nicht befriedigt, wird niemand eure Worte über Religion begrüßen. Indien ist unruhig bei dem Gedanken, wie man diesem Gespenst des Hungers begegnen kann. Die Ausbeutung der besten Ressourcen des Landes durch die Ausländer, die unbeschränkte Ausfuhr von Waren und vor allem die entsetzliche Eifersucht, die den Sklaven eigen ist, zehren an den Lebenskräften Indiens. Zuallererst müsst ihr dieses Übel des Hungers und des Verhungerns, diese ständige Angst um das nackte Dasein, von denen nehmen, denen ihr Religion predigen wollt. Andernfalls werden Vorträge und solche Dinge nichts nützen."

Schüler: „Was sollten wir dann tun, um dieses Übel zu beseitigen?"

Swamiji: „Zuerst brauchen wir einige junge Männer, die den Geist der Entsagung in sich tragen, die bereit sind, ihr Leben für andere zu opfern, anstatt sich ihrem eigenen Glück zu widmen. Mit diesem Ziel vor Augen werde ich einen Math gründen, um junge *Sannyasins* auszubilden, die von Tür zu Tür gehen und den Menschen ihren bedauernswerten Zustand mit Hilfe von Fakten und Argumenten vor Augen führen, sie über die Mittel und Wege zu ihrem Wohlergehen belehren und ihnen gleichzeitig so klar wie möglich in einer sehr einfachen und leichten Sprache die höheren Wahrheiten der Religion erklären.

Die Massen in unserem Land sind wie der schlafende Leviathan. Die Bildung, die durch das gegenwärtige Universitätssystem vermittelt wird, erreicht nur ein oder zwei Prozent der Massen. Und selbst diejenigen, die sie erhalten, sind in ihren Bemühungen, ihrem Land etwas Gutes zu tun, nicht erfolgreich. Aber das ist nicht ihre Schuld, arme Kerle! Sobald sie aus dem College kommen, sind sie Väter von mehreren Kindern! Irgendwie schaffen sie es, die Stelle eines Beamten oder höchstens eines stellvertretenden Richters zu bekommen. Das ist die Krönung der Ausbildung! Mit der Last einer Familie auf dem Rücken finden sie keine Zeit, um etwas Großes zu tun oder etwas Großes zu denken. Sie finden nicht genug Mittel, um ihre persönlichen Bedürfnisse und Interessen zu erfüllen. Wie kann man also von ihnen erwarten, dass sie etwas für andere tun?"

Schüler: „Gibt es denn keinen Ausweg für uns?"

Swamiji: „Sicherlich gibt es einen. Dies ist das Land der ewigen Religion. Das Land ist gefallen, kein Zweifel, aber es wird sich ebenso sicher wieder erheben, und diese Umwälzung wird die Welt in Erstaunen versetzen. Je tiefer die Wogen fallen, desto höher und mit größerer Kraft werden sie sich wieder erheben."

Schüler: „Wie wird Indien wieder auferstehen?"

Swamiji: „Siehst du das nicht? Die Morgendämmerung ist bereits am östlichen Himmel erschienen, und der Sonnenaufgang lässt nicht mehr lange auf sich warten. Ihr alle legt eure Schultern an das Rad! Was bringt es, die Welt zu einem großen Ganzen zu machen und an ‚mein *Samsara* (Familie und Besitz)' zu denken? Eure Aufgabe ist es jetzt, von einem Teil des Landes zum anderen zu gehen, von Dorf zu Dorf, und den Menschen klarzumachen, dass es nicht mehr ausreicht, nur untätig herumzusitzen. Macht ihnen ihre wahre Lage klar und sagt: ‚Oh ihr Brüder, steht auf! Wacht auf! Wie lange wollt ihr noch schlafen!' Geht hin und beratet sie, wie sie ihren eigenen Zustand verbessern können, und macht ihnen die erhabenen Wahrheiten der

Shastras (Schriften) verständlich, indem ihr sie in einer klaren und populären Weise darlegt. So lange haben die Brahmanen die Religion monopolisiert. Aber da sie sich nicht gegen die starke Flut der Zeit behaupten können, geht und unternehmt Schritte, damit alle im Land diese Religion bekommen können. Prägt ihnen ein, dass sie das gleiche Recht auf Religion haben wie die Brahmanen. Weiht alle, sogar die *Chandalas* (Menschen der niedrigsten Kasten), in diese feurigen Mantras ein. Unterrichte sie auch in einfachen Worten über die Notwendigkeiten des Lebens, über Handel, Gewerbe, Landwirtschaft usw. Wenn ihr das nicht tun könnt, dann verflucht eure Bildung und Kultur und verflucht euer Studium der *Veden* und des *Vedanta*!"

Schüler: „Aber wo ist diese Kraft in uns? Ich würde mich gesegnet fühlen, wenn ich ein Hundertstel deiner Kräfte hätte, Swamiji."

Swamiji: „Wie töricht! Macht und solche Dinge kommen von selbst. Mach dich an die Arbeit, und du wirst am Ende eine so gewaltige Kraft haben, dass du sie kaum ertragen kannst. Selbst die kleinste Arbeit, die ihr für andere tut, erweckt die Kraft in euch. Selbst der Gedanke an das geringste Gute für andere flößt dem Herzen allmählich die Stärke eines Löwen ein. Ich liebe euch alle sehr, aber ich wünschte, ihr würdet alle sterben, indem ihr für andere arbeitet – ich würde mich eher freuen, euch das tun zu sehen!"

Schüler: „Was wird dann mit denen, die von mir abhängig sind?"

Swamiji: „Wenn du bereit bist, dein Leben für andere zu opfern, wird Gott sicherlich Mittel für sie bereitstellen. Hast du nicht in der Gita (VI. 40) die Worte von Sri *Krishna* gelesen: „न हि कल्याणकृत्कश्चित् दुर्गतिं तात गच्छति – Niemals erfährt ein Wohltäter Kummer, oh mein Geliebter"?

Schüler: „Ich verstehe, Herr."

Swamiji: „Das Wesentliche ist Entsagung. Ohne Entsagung kann niemand sein ganzes Herz ausschütten, um für andere zu arbeiten. Der Mann der Entsagung sieht alle gleichberechtigt und widmet sich dem Dienst für alle. Lehrt uns unser *Vedanta* nicht auch, alle gleich zu sehen? Warum hegst du dann die Vorstellung, dass Frau und Kinder dir mehr gehören als die anderen? An deiner Türschwelle liegt *Narayana* vor Hunger sterbend in Gestalt eines armen Bettlers! Anstatt ihm etwas zu geben, willst du nur den Appetit deiner Frau und deiner Kinder mit Leckereien stillen? Das ist doch tierisch!"

Schüler: „Um für andere zu arbeiten, braucht man manchmal sehr viel Geld. Woher soll ich das nehmen?"

Swamiji: „Warum tust du nicht so viel, wie in deiner Macht steht? Selbst wenn du anderen aus Geldmangel nichts geben kannst, so kannst du ihnen doch wenigstens ein paar gute Worte ins Ohr hauchen oder eine gute Unterweisung erteilen, nicht wahr? Oder ist dafür auch Geld erforderlich?"

Schüler: „Ja, Herr, das kann ich tun."

Swamiji: „Aber zu sagen: ‚Ich kann', reicht nicht aus. Zeige mir durch Taten, was du tun kannst, und nur dann werde ich wissen, dass es zu etwas Gutem führt, dass du zu mir gekommen bist. Steh auf und mach dich an die Arbeit. Wie lange dauert dieses Leben? Wenn du in diese Welt gekommen bist, dann hinterlass eine Spur. Wo ist sonst der Unterschied zwischen dir und den Bäumen und Steinen? Auch sie entstehen, vergehen und sterben. Wenn ihr wie sie geboren werden und sterben wollt, steht es euch frei, dies zu tun. Zeigt mir durch eure Taten, dass eure Lektüre des *Vedanta* das höchste Gut hervorgebracht hat. Geht und sagt allen: ‚In jedem von euch liegt die ewige Kraft', und versucht, sie zu erwecken. Was wollt ihr mit der individuellen Errettung anfangen? Das ist reiner Egoismus. Schmeißt eure Meditation weg, werft euer Heil und solche Dinge weg! Setzt euer ganzes Herz und eure ganze Seele in das Werk, dem ich mich geweiht habe."

Mit angehaltenem Atem hörte der Schüler diese inspirierenden Worte, und Swamiji fuhr mit seinem üblichen Feuer und seiner Beredsamkeit fort.

Swamiji: „Zuallererst bereitet den Boden vor, und Tausende von Vivekanandas werden mit der Zeit in diese Welt geboren werden, um Vorträge über Religion zu halten. Darüber braucht ihr euch keine Sorgen zu machen! Versteht ihr nicht, warum ich Waisenhäuser, Hungerhilfswerke usw. gründe? Seht ihr nicht, wie Schwester Nivedita, eine britische Dame, gelernt hat, den Indern so gut zu dienen, indem sie sogar niedere Arbeiten für sie erledigt? Und könnt ihr, die ihr Inder seid, nicht in ähnlicher Weise euren eigenen Landsleuten dienen? Geht alle dorthin, wo eine Seuche oder eine Hungersnot ausbricht oder wo die Menschen in Not sind, und lindert ihre Leiden. Höchstens könnt ihr bei dem Versuch sterben – was soll's? Wie viele von eurer Sorte werden jeden Tag geboren und sterben wie Würmer? Welchen Unterschied macht das für die Welt im Ganzen? Sterben musst du, aber du musst für ein großes Ideal sterben, und es ist besser, für ein großes Ideal im

Leben zu sterben. Predigt dieses Ideal von Tür zu Tür, und ihr werdet selbst davon profitieren, während ihr gleichzeitig eurem Land Gutes tut. Auf euch ruhen die zukünftigen Hoffnungen unseres Landes. Es schmerzt mich sehr, euch ein Leben der Untätigkeit führen zu sehen. Macht euch an die Arbeit – an die Arbeit! Zögert nicht – die Zeit des Todes naht Tag für Tag! Sitzt nicht untätig herum und denkt, dass alles zu gegebener Zeit, später, erledigt werden wird! Denkt daran – auf diese Weise wird nichts erledigt werden!"

Ein Schüler: „Bitte, Swamiji, wie können *Jnana* und *Bhakti* in Einklang gebracht werden? Wir sehen, wie die Anhänger des Pfades der Hingabe (*Bhaktas*) ihre Ohren beim Namen *Shankaras* verschließen, und die Anhänger des Pfades des Wissens (*Jnanis*) nennen die *Bhaktas* Fanatiker, wenn sie sehen, wie ihnen die Tränen aus den Augen fließen oder sie in Ekstase singen und tanzen, wenn sie den Namen des Herrn anrufen."

Swamiji: „Die Sache ist die, dass all diese Konflikte in den vorbereitenden Stadien von *Jnana* und *Bhakti* stattfinden. Hast du nicht die Geschichte von Sri Ramakrishna über *Shivas* Dämonen und *Ramas* Affen gehört?"[1]

Schüler: „Ja, Herr, das habe ich."

Swamiji: „Aber es gibt keinen Unterschied zwischen der höchsten *Bhakti* und dem höchsten *Jnana*. Die höchste *Bhakti* besteht darin, Gott als die Form von *Prema* (Liebe) zu erkennen. Wenn du die liebende Form Gottes siehst, die sich überall und in allem manifestiert, wie kannst du dann andere hassen oder verletzen? Diese Verwirklichung der Liebe kann niemals eintreten, solange das geringste Verlangen im Herzen vorhanden ist, oder, wie Sri Ramakrishna zu sagen pflegte, die Anhaftung an *Kama-Kanchana* (Sinnesvergnügen und Reichtum). In der vollkommenen Verwirklichung der Liebe existiert nicht einmal das Bewusstsein des eigenen Körpers. Das höchste *Jnana* besteht auch darin, die Einheit überall zu erkennen, das eigene Selbst als das Selbst in allem zu sehen. Auch das kann es nicht geben, solange es das geringste Bewusstsein des Egos (*Aham*) gibt."

---

[1] Es gab einmal einen Kampf zwischen *Shiva* und *Rama*. *Shiva* war der Guru von *Rama*, und *Rama* war der Guru von *Shiva*. Sie kämpften, freundeten sich aber wieder an. Doch es gab kein Ende der Streitereien und Zankereien zwischen den Dämonen von *Shiva* und den Affen von *Rama*.

Schüler: „Dann ist das, was du Liebe nennst, dasselbe wie höchstes Wissen?“

Swamiji: „Genauso ist es. Die Verwirklichung der Liebe wird niemandem zuteil, wenn er nicht ein vollkommener *Jnani* wird. Sagt der *Vedanta* nicht, dass *Brahman Sat-Chit-Ananda* ist – die absolute Existenz-Erkenntnis-Glückseligkeit?“

Schüler: „Ja, Herr.“

Swamiji: „Der Ausdruck *Sat-Chit-Ananda* bedeutet – *Sat*, d.h. Existenz, *Chit*, d.h. Bewusstsein oder Wissen, und *Ananda*, d.h. Glückseligkeit, die dasselbe ist wie Liebe. Es gibt keine Kontroverse zwischen dem *Bhakta* und dem *Jnani* bezüglich des *Sat*-Aspekts von *Brahman*. Nur legen die *Jnanis* größeren Wert auf Seinen Aspekt von *Chit* oder Wissen, während die *Bhaktas* den Aspekt von *Ananda* oder Liebe mehr im Auge behalten. Doch kaum ist das Wesen von *Chit* erkannt, wird auch das Wesen von *Ananda* erkannt. Denn was *Chit* ist, ist wahrlich dasselbe wie *Ananda*.“

Schüler: „Warum ist dann in Indien so viel Sektierertum verbreitet? Und warum gibt es so viele Kontroversen zwischen den Schriften über *Bhakti* und *Jnana*?“

Swamiji: „Die Sache ist die, dass all diese Kriege und Kontroversen die vorbereitenden Ideale betreffen, d.h. die Ideale, die die Menschen annehmen, um das wahre *Jnana* oder die wahre *Bhakti* zu erreichen. Aber was ist eurer Meinung nach das Höhere – der Zweck oder das Mittel? Sicherlich können die Mittel niemals höher sein als der Zweck, denn die Mittel zur Verwirklichung desselben Zwecks müssen zahlreich sein, da sie je nach Temperament oder geistigen Fähigkeiten des einzelnen Anhängers variiieren. Das Zählen der Perlen, die Meditation, die Verehrung, das Darbringen von Opfergaben im heiligen Feuer – all diese und andere Dinge sind die Glieder der Religion. Sie sind nur Mittel, und das Erreichen der höchsten Hingabe (*Parabhakti*) oder der höchsten Verwirklichung *Brahmans* ist das überragende Ziel.

Wenn du etwas tiefer schaust, wirst du verstehen, worüber sie streiten. Der eine sagt: ‚Wenn du zu Gott mit Blick nach Osten betest, wirst du Ihn erreichen.‘ ‚Nein‘, sagt ein anderer, ‚du musst dich in Richtung Westen setzen, und nur dann wirst du Ihn sehen.‘ Vielleicht hat jemand vor langer Zeit Gott in der Meditation erkannt, indem er mit dem Gesicht nach Osten saß, und seine Schüler begannen sofort, diese Haltung zu predigen, und behaupteten, dass niemand Gott jemals sehen kann, wenn er nicht diese Position einnimmt. Eine andere Gruppe meldet sich und fragt: ‚Wie ist das möglich? Diese und jene Person hat Gott erkannt, während sie nach Westen blickte, und wir haben das selbst gesehen.' Auf diese Weise sind all diese Sekten entstanden. Jemand mag höchste Hingabe erlangt haben, indem er den Namen des Herrn als *Hari* wiederholte, und sofort ging seine Komposition in die *Shastras* ein:

हरेर्नाम हरेर्नाम हरेर्नामैव केवलम् ।

कलौ नास्त्येव नास्त्येव गतिरन्यथा ॥

„Der Name des Herrn *Hari*, der Name des Herrn *Hari*, der Name des Herrn *Hari* allein. Wahrlich, es gibt im Zeitalter von *Kali* keinen anderen, keinen anderen, keinen anderen Weg als diesen."

Nehmen wir an, jemand hätte mit dem Namen Allahs Vollkommenheit erlangt. Sofort hätte sich ein anderer, von ihm begründeter Glaube verbreitet, und so weiter.

Aber wir müssen sehen, was das Ziel ist, zu dem all diese Formen der Verehrung und andere religiöse Praktiken führen sollen. Das Ziel ist *Shraddha*. Wir haben in unserer bengalischen Sprache kein Synonym für das Sanskrit-Wort *Shraddha*. Die (Katha) Upanishad sagt, dass *Shraddha* in das Herz von *Nachiketa* einging. Selbst mit dem Wort *Ekagrata* (Zustand der völligen Konzentration) können wir nicht die ganze Bedeutung des Wortes *Shraddha* ausdrücken. Das Wort *Ekagranishtha* (auf einen Punkt gerichtete Hingabe) vermittelt bis zu einem gewissen Grad die Bedeutung des Wortes *Shraddha*. Wenn man mit unerschütterlicher Hingabe und Konzentration über irgendeine Wahrheit meditiert, wird man feststellen, dass der Geist mehr und mehr zum Einssein tendiert, d.h. dass er einen zur Verwirklichung der absoluten Existenz-Erkenntnis-Glückseligkeit führt.

Die Schriften über *Bhakti* oder *Jnana* geben den Menschen den besonderen Rat, im Leben die eine oder andere dieser *Nishthas* (gewissenhafte Beharrlichkeit) zu übernehmen und sie sich zu eigen zu machen. Im Laufe der Zeit werden diese großen Wahrheiten verzerrt und verwandeln sich allmählich in *Deshacharas* oder die vorherrschenden Bräuche eines Landes. Das ist nicht nur in Indien geschehen, sondern in jeder Nation und jeder

Gesellschaft auf der Welt. Und das gemeine Volk, dem es an Unterscheidungsvermögen mangelt, macht sie zum Zankapfel und bekämpft sich untereinander. Sie haben das Ziel aus den Augen verloren, und so gehen Sektierertum, Streit und Kämpfe weiter."

Schüler: „Was ist dann das rettende Mittel, Swamiji?"

Swamiji: „Das wahre *Shraddha*, wie es früher war, muss wieder zurückgebracht werden. Das Unkraut muss an den Wurzeln ausgerissen werden. In jedem Glauben und auf jedem Weg gibt es zweifellos Wahrheiten, die Zeit und Raum übersteigen, aber es hat sich eine Menge Unrat über ihnen angesammelt. Dieser muss weggeräumt werden, und die wahren, ewigen Prinzipien müssen den Menschen vor Augen geführt werden. Nur dann werden unsere Religion und unser Land wirklich davon profitieren."

Schüler: „Wie wird das erreicht?"

Swamiji: „Nun, zuallererst müssen wir die Verehrung der großen Heiligen einführen. Jene großen Seelen, die die ewigen Wahrheiten verwirklicht haben, müssen den Menschen als die Ideale vorgestellt werden, denen sie folgen sollen, wie im Falle Indiens unter anderen Sri *Ramachandra*, Sri *Krishna*, *Mahavira* und Sri Ramakrishna. Könnt ihr die Verehrung von Sri *Ramachandra* und *Mahavira* in diesem Land einführen? Lasst den *Vrindavan*-Aspekt von Sri *Krishna* vorerst beiseite und verbreitet weit und breit die Verehrung von Sri *Krishna*, der die Gita mit der Stimme eines Löwen herausbrüllte. Und macht die Verehrung von *Shakti* – der Göttlichen Mutter, der Quelle aller Kraft – zu einem täglichen Brauch."

Schüler: „Ist das göttliche Spiel von Sri *Krishna* mit den *Gopis* von *Vrindavan* also nicht gut?"

Swamiji: „Unter den gegenwärtigen Umständen ist diese Verehrung nicht gut für euch. Auf der Flöte zu spielen und so weiter wird das Land nicht regenerieren. Wir brauchen jetzt vor allem das Ideal eines Helden mit dem gewaltigen Geist von *Rajas*, der von Kopf bis Fuß durch seine Adern fließt – der Held, der es wagt und sterben wird, um die Wahrheit zu erkennen, der Held, dessen Rüstung Entsagung ist, dessen Schwert Weisheit ist. Wir wollen jetzt den Geist des tapferen Kriegers auf dem Schlachtfeld des Lebens und nicht den des umwerbenden Liebhabers, der das Leben als Lustgarten betrachtet!"

Schüler: „Ist denn der Weg der Liebe, wie er im Ideal der *Gopis* dargestellt wird, falsch?"

Swamiji: „Wer sagt das? Ich nicht! Das ist eine sehr hohe Form der Verehrung (*Sadhana*). In diesem Zeitalter der enormen Anhaftung an Sinnesfreuden und Reichtum sind nur sehr wenige in der Lage, diese höheren Ideale auch nur zu begreifen."

Schüler: „Befolgen dann nicht diejenigen, die Gott als Ehemann oder Liebhaber verehren, den richtigen Weg?"

Swamiji: „Ich wage zu sagen, nein. Es mag ein paar ehrenwerte Ausnahmen unter ihnen geben, aber wisse, dass der größte Teil von ihnen von der dunklen, *tamasischen* Natur besessen ist. Die meisten von ihnen sind voller Morbidität und von außergewöhnlicher Schwäche befallen. Das Land muss erhoben werden. Die Verehrung *Mahaviras* muss eingeführt werden. Die *Shakti-Puja* muss ein Teil unserer täglichen Praxis sein. Sri *Ramachandra* muss in jedem Haus verehrt werden. Darin liegt dein Wohl, darin liegt das Wohl des Landes. Es gibt keinen anderen Weg."

Schüler: „Aber ich habe gehört, dass Bhagavan Sri Ramakrishna den Namen Gottes sehr oft gesungen hat?"

Swamiji: „Das stimmt, aber das war ein anderer Fall. Welchen Vergleich kann es zwischen ihm und gewöhnlichen Menschen geben? Er praktizierte in seinem Leben all die verschiedenen Ideale der Religion, um zu zeigen, dass jedes von ihnen nur zu der einen Wahrheit führt. Werden du oder ich jemals in der Lage sein, all das zu tun, was er getan hat? Keiner von uns hat ihn vollständig verstanden. Deshalb wage ich es nicht, überall über ihn zu sprechen. Nur er weiß, was er selbst wirklich war. Seine Gestalt war nur eine menschliche, aber alles andere an ihm war ganz anders als bei anderen."

Schüler: „Darf ich fragen, ob du glaubst, dass er ein *Avatar* (eine Inkarnation Gottes) ist?"

Swamiji: „Sag mir zuerst – was meinst du mit einem *Avatar*?"

Schüler: „Warum, ich meine einen wie Sri *Ramachandra*, Sri *Krishna*, Sri Gauranga [*Chaitanya*], Buddha, Jesus und andere."

Swamiji: „Ich weiß, dass Bhagavan Sri Ramakrishna noch größer ist als die, die du gerade genannt hast. Ganz zu schweigen vom Glauben, der eine belanglose Sache ist – ich weiß es! Doch lassen wir das Thema jetzt fallen. Mehr davon ein andermal."

Nach einer Pause fuhr Swamiji fort: „Um das *Dharma* wiederherzustellen, kommen *Mahapurushas* (große Lehrer der Menschheit), die den Bedürfnissen der Zeit und der Gesellschaft entsprechen. Nennt sie, wie ihr wollt – entweder *Mahapurushas* oder *Avatare* – es spielt keine Rolle. Sie offenbaren, jeder in seinem Leben, das Ideal. Dann werden nach und nach Formen in ihren Matrizen geformt – Männer werden gemacht! Allmählich entstehen Sekten und verbreiten sich. Im Laufe der Zeit degenerieren diese Sekten, und ähnliche Reformer kommen wieder. Das ist das Gesetz, das in ununterbrochener Folge, wie ein Strom, durch die Zeitalter fließt."

Schüler: „Warum predigst du nicht Sri Ramakrishna als *Avatar*? Du hast doch die Kraft, die Beredsamkeit und alles andere, was man dazu braucht."

Swamiji: „Wahrlich, ich sage dir, ich habe ihn sehr wenig verstanden. Er scheint mir so groß gewesen zu sein, dass ich jedes Mal, wenn ich etwas über ihn zu sagen habe, Angst habe, die Wahrheit zu ignorieren oder wegzuerklären, dass meine geringe Kraft nicht ausreicht, dass ich bei dem Versuch, ihn zu preisen, sein Bild nach meinen Vorstellungen zeichne und ihn dadurch herabsetze!"

Schüler: „Aber viele predigen ihn jetzt als einen *Avatar*."

Swamiji: „Lass sie das tun, wenn sie wollen. Sie tun es in dem Licht, in dem sie ihn verstanden haben. Auch du kannst gehen und dasselbe tun, wenn du ihn verstanden hast."

Schüler: „Ich kann nicht einmal begreifen, was man von Sri Ramakrishna sagen soll! Ich sollte mich in diesem Leben als gesegnet betrachten, wenn ich ein wenig von deiner Gnade erhalte."

Schüler: „Swamiji, wenn das eine *Brahman* die einzige Wirklichkeit ist, warum gibt es dann all diese Unterscheidungen in der Welt?"

Swamiji: „Betrachtest du diese Frage nicht vom Standpunkt der phänomenalen Existenz aus? Wenn man die phänomenale Seite der Existenz betrachtet, kann man durch Nachdenken und Unterscheidung allmählich zur Wurzel der Einheit gelangen. Aber wenn du fest in dieser Einheit verankert wärest, wie könntest du dann von diesem Standpunkt aus diese Unterscheidung sehen, sag mir."

Schüler: „Das stimmt. Wenn ich in der Einheit existieren würde, wie könnte ich dann die Frage nach dem ‚Warum‘ stellen? Wenn ich diese Frage stelle, stelle ich sie, indem ich diese Vielfalt sehe."

Swamiji: „Sehr gut. Nach der Wurzel des Einsseins durch die Vielfalt der phänomenalen Existenz zu fragen, wird von den *Shastras* als *Vyatireki*-Argumentation bezeichnet oder der Prozess des Argumentierens durch die indirekte Methode, d.h. *Adhyaropa* und *Apavada*, indem man zuerst etwas, das nicht existent oder unwirklich ist, als existierend oder real annimmt und dann durch den Verlauf der Argumentation zeigt, dass es keine existierende oder reale Substanz ist. Du sprichst von dem Prozess, zur Wahrheit zu gelangen, indem du das, was nicht wahr ist, als wahr annimmst – nicht wahr?"

Schüler: „Für mich scheint der Zustand des Seienden oder Gesehenen selbstverständlich und daher wahr zu sein, und das, was ihm entgegengesetzt ist, scheint dagegen unwirklich zu sein."

Swamiji: „Aber die *Veden* sagen: ‚Nur Eines ohne ein Zweites‘. Und wenn es in Wirklichkeit nur das Eine gibt, das existiert – das *Brahman* –, dann ist deine Unterscheidung falsch. Du glaubst an die *Veden*, nehme ich an?"

Schüler: „Oh ja, für mich selbst halte ich die *Veden* für die höchste Autorität. Aber wenn man sie als Argument nicht akzeptiert, muss man in diesem Fall mit anderen Mitteln widerlegt werden."

Swamiji: „Auch das kann getan werden. Schau her, es kommt eine Zeit, in der das, was du Unterscheidung nennst, verschwindet, und wir können es überhaupt nicht mehr wahrnehmen. Ich habe diesen Zustand in meinem eigenen Leben erfahren."

Schüler: „Wann hast du das getan?"

Swamiji: „Eines Tages im Tempelgarten von Dakshineswar berührte mich Sri Ramakrishna am Herzen. Zuerst begann ich zu sehen, dass die Häuser – Zimmer, Türen, Fenster, Veranden – die Bäume, die Sonne, der Mond – alle davonflogen, sozusagen in Stücke zerbrachen – reduziert auf Atome und Moleküle – und schließlich im *Akasha* verschmolzen. Allmählich verschwand auch das *Akasha*, und danach auch mein Ich-Bewusstsein. Was dann geschah, weiß ich nicht mehr. Zuerst war ich erschrocken. Als ich aus diesem Zustand zurückkam, begann ich wieder, die Häuser, Türen, Fenster, Veranden und andere Dinge zu sehen. Bei einer anderen Gelegenheit hatte ich genau dieselbe Erkenntnis am Ufer eines Sees in Amerika."

Schüler: „Könnte dieser Zustand nicht ebenso gut durch eine Störung des Gehirns hervorgerufen werden? Ich verstehe nicht, welches Glück es sein kann, einen solchen Zustand zu erfahren."

Swamiji: „Eine Störung des Gehirns! Wie kannst du das so nennen, wenn es weder durch ein Delirium aufgrund einer Krankheit noch durch eine Vergiftung aufgrund von Alkoholkonsum, noch durch eine Illusion, die durch verschiedene Arten von seltsamen Atemübungen hervorgerufen wird, zustande kommt, sondern wenn es bei einem normalen Menschen im Vollbesitz seiner Gesundheit und seines Verstandes auftritt? Andererseits steht diese Erfahrung in vollkommener Harmonie mit den *Veden*. Sie deckt sich auch mit den Worten der Verwirklichung der inspirierten *Rishis* und *Acharyas* (Weisen und Lehrern) von einst. Hältst du mich für einen Verrückten? (lächelnd)."

Schüler: „Oh, nein, das habe ich natürlich nicht gemeint. Wenn in den *Shastras* Hunderte von Illustrationen über die Verwirklichung des Einsseins zu finden sind, und wenn du sagst, dass sie so direkt verwirklicht werden kann wie eine Frucht in der Handfläche, und wenn es deine eigene, persönliche Lebenserfahrung ist, die vollkommen mit den Worten der *Veden* und anderer *Shastras* übereinstimmt – wie kann ich es wagen zu sagen, dass sie falsch ist? Sri *Shankaracharya*, der diesen Zustand ebenfalls kannte, sagte: ‚Wohin ist das Universum verschwunden?' und so weiter."

Swamiji: „Wisse – dieses Wissen um das Einssein ist das, wovon die *Shastras* als Verwirklichung des *Brahman* sprechen, durch dessen Erkenntnis man sich von der Angst befreit und die Fesseln von Geburt und Tod für immer sprengt. Hat man diese höchste Glückseligkeit einmal erkannt, wird man nicht mehr von den Freuden und Schmerzen dieser Welt überwältigt. Menschen, die von niederen Begierden und Reichtum gefesselt sind, können diese Glückseligkeit *Brahmans* nicht genießen."

Schüler: „Wenn das so ist und wenn wir wirklich das Wesen des höchsten *Brahman* besitzen, warum bemühen wir uns dann nicht, diese Glückseligkeit zu erlangen? Warum rennen wir immer wieder in den Rachen des

Todes, weil wir von dieser wertlosen Schlinge aus Lust und Reichtum geködert werden?"

Swamiji: „Du sprichst, als ob der Mensch sich nicht nach dieser Glückseligkeit sehnen würde! Wenn du darüber nachdenkst, wirst du sehen, dass jeder, was auch immer er tut, es in der Hoffnung tut, diese höchste Glückseligkeit zu erlangen. Nur ist sich nicht jeder dessen bewusst und kann es daher nicht verstehen. Diese höchste Glückseligkeit existiert in allen, von *Brahma* bis hinunter zum Grashalm. Auch du bist dieses ungeteilte *Brahman*. In diesem Augenblick kannst du es erkennen, wenn du dich wirklich und absolut dafür hältst. Es ist alles nur ein Mangel an direkter Wahrnehmung. Dass du den Dienst angenommen hast und deiner Frau zuliebe so hart arbeitest, zeigt auch, dass das Ziel letztlich darin besteht, die höchste Glückseligkeit *Brahmans* zu erlangen. Wenn man sich immer wieder in das komplizierte Labyrinth der Täuschung verstrickt und von Sorgen und Kummer schwer getroffen wird, wendet sich das Auge von selbst der eigenen wahren Natur, dem inneren Selbst zu. Es ist dem Vorhandensein dieses Wunsches nach Glückseligkeit im Herzen zu verdanken, dass der Mensch, der einen harten Schlag nach dem anderen erhält, seinen Blick nach innen richtet – auf sein eigenes Selbst. Für jeden, ohne Ausnahme, wird eine Zeit kommen, in der er dies tun wird, für den einen vielleicht in diesem Leben, für den anderen nach Tausenden von Inkarnationen."

Schüler: „Das hängt alles von den Segnungen des Gurus und der Gnade des Herrn ab!"

Swamiji: „Der Wind der Gnade des Herrn weht weiter, für immer und ewig. Breite dein Segel aus. Wann immer du etwas tust, tue es mit deinem ganzen Herzen, das darauf konzentriert ist. Denke Tag und Nacht: ‚Ich bin von der Essenz dieser höchsten Existenz-Erkenntnis-Glückseligkeit. Welche Furcht und Angst habe ich? Dieser Körper, das Gemüt und der Intellekt sind alle vergänglich, und das, was jenseits von ihnen ist, bin ich selbst.'"

Schüler: „Solche Gedanken kommen nur ab und zu für eine Weile, verschwinden aber schnell wieder, und ich denke allen möglichen Schund und Unsinn."

Swamiji: „Im Anfangsstadium ist das so, aber allmählich wird es überwunden. Die Intensität des Verlangens im Geist ist jedoch von Anfang an erforderlich. Denke immer: ‚Ich bin immer rein, immer wissend und immer frei.

Wie kann ich etwas Böses tun? Kann ich jemals mit den unbedeutenden Reizen von Lust und Reichtum getäuscht werden wie gewöhnliche Menschen?' Stärke deinen Geist mit solchen Gedanken. Das wird sicherlich Gutes bewirken."

Schüler: „Hin und wieder kommt die Stärke des Geistes. Aber dann denke ich wieder, dass, wenn ich bei der Prüfung zum stellvertretenden Magistrat erscheinen würde, Reichtum, Name und Ruhm kommen würden und ich gut und glücklich leben sollte."

Swamiji: „Wann immer solche Gedanken im Geist auftauchen, unterscheide in dir selbst zwischen dem Wirklichen und dem Unwirklichen. Hast du nicht über den *Vedanta* gelesen? Selbst wenn du schläfst, halte das Schwert der Unterscheidung am Kopfende deines Bettes, so dass sich dir die Begierde nicht einmal im Traum nähern kann. Wenn du dich in solcher Stärke übst, wird die Entsagung allmählich kommen, und dann wirst du sehen: die Tore des Himmels stehen dir weit offen."

Schüler: „Wenn das so ist, Swamiji, wie kommt es dann, dass in den Texten über *Bhakti* steht, dass zu viel Entsagung die Gefühle tötet, die für Zärtlichkeit sorgen?"

Swamiji: „Ich sage, wirf Texte weg, die so etwas lehren! Ohne Entsagung, ohne brennende Leidenschaftslosigkeit gegenüber Sinnesobjekten, ohne die Abkehr von Reichtum und Lust wie von schmutzigen Abscheulichkeiten – ,न सिध्यति ब्रह्मशतान्तरेऽपि – kann man niemals Erlösung erlangen, auch nicht in Hunderten von *Brahmas* Zyklen'. Das Wiederholen der Namen des Herrn, die Meditation, die Verehrung, das Darbringen von Trankopfern im heiligen Feuer, die Buße – all dies dient dazu, Entsagung hervorzubringen. Jemand, der keine Entsagung erlangt hat, sollte wissen, dass seine Bemühungen denen eines Mannes gleichen, der an den Rudern zieht, während das Boot vor Anker liegt. ,न प्रजया धनेन त्यागेनैके अमृतत्वमानशुः – Weder durch Nachkommenschaft noch durch Reichtum, sondern allein durch Entsagung haben einige (wenige) Unsterblichkeit erlangt.'" (Kaivalya Upanishad 3)

Schüler: „Erreicht man durch bloßen Verzicht auf Reichtum und Lust alles?"

Swamiji: „Es gibt noch andere Hindernisse auf dem Weg, selbst wenn man auf diese beiden verzichtet. Dann kommen zum Beispiel Name und Ruhm.

Nur sehr wenige Menschen können dann ihr Gleichgewicht halten, es sei denn sie sind außergewöhnlich stark. Die Menschen überschütten sie mit Ehrungen, und nach und nach schleichen sich verschiedene Vergnügungen ein. […]"

Schüler: „Wenn du solche Dinge sagst, dann sind wir verloren!"

Swamiji: „Welche Angst? ‚अभीरभीरभीः – Sei furchtlos, sei furchtlos, sei furchtlos!' Du hast *Nag Mahashaya* gesehen, wie er, obwohl er das Leben eines Haushälters führt, mehr ist als ein *Sannyasin*! Das ist sehr ungewöhnlich. Ich habe selten jemanden wie ihn gesehen. Wenn jemand ein Haushälter sein will, soll er wie *Nag Mahashaya* sein. Er leuchtet wie eine strahlende Koryphäe am spirituellen Firmament von Ostbengalen. Bitte die Menschen in diesem Teil des Landes, ihn oft zu besuchen. Das wird ihnen sehr guttun."

Schüler: „*Nag Mahashaya*, so scheint es, ist die lebende Verkörperung der Demut im Stück von Sri Ramakrishnas göttlichem Drama auf Erden."

Swamiji: „Ganz bestimmt, ohne den Schatten eines Zweifels! Ich habe den Wunsch, ihn einmal zu besuchen. Wirst du mit mir gehen? Ich liebe es, Felder zu sehen, die im Regen mit Wasser überflutet werden. Wirst du ihm schreiben?"

Schüler: „Gewiss werde ich das tun. Er ist immer ganz verrückt vor Freude, wenn er von dir hört, und sagt, dass Ostbengalen durch den Staub deiner Füße zu einem Wallfahrtsort wird."

Swamiji: „Wusstest du, dass Sri Ramakrishna von *Nag Mahashaya* als einem ‚flammenden Feuer' sprach?"

Schüler: „Ja, das habe ich gehört."

Auf Swamijis Bitte hin nahm der Schüler etwas *Prasada* (geweihte Nahrung) zu sich und reiste am späten Abend nach Kalkutta. Er dachte tief über die Botschaft der Furchtlosigkeit nach, die er von den Lippen des inspirierten Lehrers gehört hatte – „Ich bin frei!" „Ich bin frei!"

Schüler: „Swamji, Sri Ramakrishna pflegte zu sagen, dass ein Mensch nicht zur religiösen Verwirklichung fortschreiten kann, wenn er nicht zuerst *Kama-Kanchana* (Lust und Gier) aufgibt. Wenn dem so ist, was wird dann aus den Haushältern? Denn ihr ganzer Geist ist auf diese beiden Dinge ausgerichtet."

Swamiji: „Es ist wahr, dass der Geist sich niemals Gott zuwenden kann, solange das Verlangen nach Lust und Reichtum nicht aus ihm verschwunden ist, egal ob der Mensch ein Haushälter oder ein *Sannyasin* ist. Solange der Geist in diesen Dingen gefangen ist, können wahre Hingabe, Festigkeit und *Shraddha* (Glaube) nicht entstehen."

Schüler: „Wo werden dann die Haushälter sein? Welchen Weg sollen sie einschlagen?"

Swamiji: „Unsere kleineren Wünsche zu befriedigen und für immer mit ihnen fertig zu werden, und die größeren durch Unterscheidung aufzugeben – das ist der Weg. Ohne Entsagung kann Gott niemals verwirklicht werden – यदि ब्रह्मा स्वयं वदेत् – auch wenn *Brahma* selbst etwas anderes befohlen hat!"

Schüler: „Aber kommt der Verzicht auf alles, sobald man ein Mönch wird?"

Swamiji: „*Sannyasins* bemühen sich zumindest, sich für die Entsagung bereit zu machen, während Hausfrauen und -männer in dieser Sache wie Bootsleute sind, die an den Rudern arbeiten, während das Boot vor Anker liegt. Wird das Verlangen nach Genuss jemals gestillt? ‚भूय एवाभिवर्धते – Es nimmt immer weiter zu.'" (Bhagavata IX, XIX, 14)

Schüler: „Warum? Kann man nicht der Welt überdrüssig werden, wenn man lange Zeit die Objekte der Sinne immer wieder genossen hat?"

Swamiji: „Bei wie vielen kommt das vor? Der Geist wird durch den ständigen Kontakt mit den Sinnesobjekten getrübt und erhält von ihnen eine ständige Prägung und einen Eindruck. Entsagung, und nur Entsagung ist das wahre Geheimnis, das *Mulamantra* aller Verwirklichung."

Schüler: „Aber es gibt solche Anweisungen der Seher in den Schriften wie diese: ‚गृहेषु पञ्चेन्द्रियनिग्रहस्तपः – Die fünf Sinne zu zügeln, während man mit seiner Frau und seinen Kindern lebt, ist *Tapas*.' ‚निवृत्तरागस्य गृहं तपोवनम् – Für denjenigen, dessen Begierden unter Kontrolle sind, ist das Leben inmitten seiner Familie dasselbe wie der Rückzug in einen Wald für *Tapasya*.'"

Swamiji: „Gesegnet sind in der Tat diejenigen, die auf *Kama-Kanchana* verzichten können und in ihrem Haus mit ihrer Familie leben! Aber wie viele können das?"

Schüler: „Aber was ist dann mit den *Sannyasins*? Sind sie alle in der Lage, der Lust und der Liebe zum Reichtum vollständig zu entsagen?"

Swamiji: „Wie ich gerade sagte, sind die *Sannyasins* auf dem Weg der Entsagung. Sie haben zumindest das Feld betreten, um für das Ziel zu kämpfen. Aber die Hausfrauen und -männer, die noch kein Wissen über die Gefahr haben, die von Lust und Gier ausgeht, versuchen nicht einmal, das Selbst zu verwirklichen. Dass sie darum kämpfen müssen, diese loszuwerden, ist eine Idee, die ihnen noch nicht in den Sinn gekommen ist."

Schüler: „Aber viele von ihnen bemühen sich darum."

Swamiji: „Oh ja, und diejenigen, die das tun, werden sicherlich nach und nach entsagen. Ihre übermäßige Anhaftung an *Kama-Kanchana* wird allmählich abnehmen. Aber bei denjenigen, die es hinauszögern und sagen: ‚Oh, nicht so bald! Ich werde es tun, wenn die Zeit gekommen ist', ist die Selbstverwirklichung noch sehr weit entfernt. ‚Lass mich die Wahrheit in diesem Moment erkennen! Noch in diesem Leben!' – das sind die Worte eines Helden. Solche Helden sind immer bereit, schon im nächsten Augenblick zu entsagen, und zu solchen sagt die Schrift (Jabala Upanishad 3): ‚यदहरेव विरजेत् तदहरेव प्रव्रजेत – In dem Moment, in dem du Abscheu vor den Eitelkeiten der Welt empfindest, verlasse alles und nimm das Leben eines Mönchs auf.'"

Schüler: „Aber pflegte nicht Sri Ramakrishna zu sagen: ‚All diese Anhaftungen verschwinden durch die Gnade Gottes, wenn man zu Ihm betet?'"

Swamiji: „Ja, das ist zweifellos so, durch Seine Gnade, aber man muss zuerst rein sein, bevor man diese Gnade empfangen kann – rein in Gedanken, Worten und Taten. Dann erst kommt Seine Gnade auf einen herab."

Schüler: „Aber wozu braucht derjenige Gnade, der sich in Gedanken, Worten und Taten beherrschen kann? Denn dann wäre er in der Lage, sich durch eigene Anstrengung auf dem Pfad der Spiritualität zu entwickeln!"

Swamiji: „Der Herr ist sehr barmherzig zu demjenigen, den Er mit Leib und Seele um die Verwirklichung kämpfen sieht. Aber wenn du untätig bleibst, ohne zu kämpfen, wirst du sehen, dass Seine Gnade niemals kommen wird."

Schüler: „Jeder sehnt sich danach, gut zu sein, doch der Geist wendet sich aus unerfindlichen Gründen dem Bösen zu! Wünscht sich nicht jeder, gut zu sein – perfekt zu sein – Gott zu erkennen?"

Swamiji: „Erkenne, dass diejenigen, die sich danach sehnen, bereits kämpfen. Gott schenkt Seine Barmherzigkeit, wenn dieser Kampf aufrechterhalten wird."

Schüler: „In der Geschichte der Inkarnationen finden wir viele Personen, die, sagen wir, ein sehr ausschweifendes Leben geführt haben und dennoch in der Lage waren, Gott zu verwirklichen, ohne viel Mühe und ohne irgendein *Sadhana* oder Hingabe zu üben. Wie ist dies zu erklären?"

Swamiji: „Ja, aber eine große Unruhe muss bereits über sie gekommen sein. Der lange Genuss der Sinnesobjekte muss in ihnen bereits einen tiefen Ekel erzeugt haben. Die Sehnsucht nach Frieden muss sich in ihren Herzen festgesetzt haben. Sie hatten diese Leere in ihrem Herzen schon so tief empfunden, dass ihnen das Leben unerträglich erschien, wenn sie auch nur für einen Augenblick nicht jenen Frieden erlangen konnten, der der Barmherzigkeit des Herrn folgt. So war Gott zu ihnen gnädig. Sie entwickelten sich direkt von *Tamas* zu *Sattva*."

Schüler: „Dann kann man sagen, dass sie auf diesem Weg Gott wahrhaftig verwirklicht haben, was auch immer der Weg war?"

Swamiji: „Ja, warum nicht? Aber ist es nicht besser, ein Haus durch den Haupteingang zu betreten als durch die Tür der Schande?"

Schüler: „Zweifellos ist das wahr. Aber es steht fest, dass man Gott allein durch Barmherzigkeit erkennen kann."

Swamiji: „Oh ja, das kann man, aber es gibt nur wenige, die das tun!"

Schüler: „Es scheint mir, dass diejenigen, die versuchen, Gott zu verwirklichen, indem sie ihre Sinne zügeln und auf Lust und Reichtum verzichten, an der Theorie der (freiwilligen) Selbstanstrengung und Selbsthilfe festhalten, und dass diejenigen, die den Namen des Herrn annehmen und sich auf Ihn verlassen, vom Herrn selbst von allen weltlichen Anhaftungen befreit und von Ihm zur höchsten Stufe der Verwirklichung geführt werden."

Swamiji: „Aber in der Sphäre, auf die G.C.[1] anspielt, muss ein höheres Gesetz am Werk sein, von dem wir nichts wissen. Das sind in der Tat Worte für die letzte Stufe der Entwicklung, die allein jenseits von Zeit, Raum und Kausalität liegt. Aber wenn wir dorthin gelangen, wer wird dann barmherzig sein, und zu wem, wenn es kein Gesetz der Verursachung gibt? Dort werden der Verehrer und der Verehrte, der Meditierende und das Objekt der Meditation, der Wissende und das Gewusste eins – nenne das Gnade oder *Brahman*, wenn du willst. Es ist alles eine einheitliche, homogene Einheit!"

Schüler: „Swamiji, als ich diese Worte von dir hörte, habe ich das Wesen aller Philosophie und Religion (*Veden* und *Vedanta*) verstanden. Es scheint, als hätte ich bisher inmitten von hochklingenden Worten ohne jede Bedeutung gelebt."

---

[1] Girish Gosh, der große bengalische Dramatiker, ein treuer Verehrer Sri Ramakrishnas

Inspirierende Gespräche auf den „Tausend Inseln"

(Aufgezeichnet von Sara Ellen Waldo,
aus: Complete Works VII[1])

Mittwoch, 19. Juni 1895

(Dieser Tag markiert den Beginn der regelmäßigen Unterweisung, die Swami Vivekananda täglich im Thousand Island Park für seine Schüler gab. Wir waren noch nicht alle dort versammelt, aber das Herz des Meisters war immer bei seiner Arbeit, und so begann er sofort, die drei oder vier, die bei ihm waren, zu unterrichten. Er kam an diesem ersten Morgen mit der Bibel in der Hand, schlug das Buch Johannes auf und sagte, da wir alle Christen seien, sei es angemessen, dass er mit den christlichen Schriften beginne).

„Im Anfang war das Wort, und das Wort war bei Gott, und das Wort war Gott." Der Hindu nennt dies *Maya*, die Manifestation Gottes, weil es die Kraft Gottes ist. Das Absolute, das sich im Universum widerspiegelt, ist das, was wir Natur nennen. Das Wort hat zwei Erscheinungsformen – die allgemeine der Natur und die besondere der großen Inkarnationen Gottes – *Krishna*, Buddha, Jesus und Ramakrishna. Christus, die besondere Manifestation des Absoluten, ist bekannt und kann erkannt werden. Das Absolute kann nicht erkannt werden. Wir können den Vater nicht erkennen, nur den Sohn. Wir können das Absolute nur durch die „Färbung der Menschlichkeit", durch Christus sehen.

In den ersten fünf Versen des Johannesevangeliums findet sich das ganze Wesen des Christentums. Jeder Vers ist voll tiefster Philosophie.

Das Vollkommene wird nie unvollkommen. Es ist in der Finsternis, wird aber von der Finsternis nicht berührt. Gottes Barmherzigkeit geht zu allen, wird aber nicht von ihrer Bosheit beeinträchtigt. Die Sonne wird durch keine Krankheit unserer Augen beeinträchtigt, die uns veranlassen könnte, sie verzerrt zu sehen. Im neunundzwanzigsten Vers bedeutet „der die Sünde der Welt wegnimmt", dass Christus uns den Weg zur Vollkommenheit zeigen wird. Gott wurde Christus, um dem Menschen seine wahre Natur zu zeigen,

---

[1] alte deutsche Übersetzung s. Swami Vivekananda: Gespräche auf den Tausend Inseln, Zürich 1944

dass auch wir Gott sind. Wir sind menschliche Hüllen über dem Göttlichen, aber als göttlicher Mensch sind Christus und wir eins.

Der trinitarische Christus ist über uns erhaben. Der unitarische Christus ist lediglich ein moralischer Mensch. Keiner von beiden kann uns helfen. Der Christus, der die Inkarnation Gottes ist, der seine Göttlichkeit nicht vergessen hat, dieser Christus kann uns helfen. In ihm gibt es keine Unvollkommenheit. Diese Inkarnationen sind sich immer ihrer eigenen Göttlichkeit bewusst. Sie wissen es von ihrer Geburt an. Sie sind wie die Schauspieler, deren Spiel zu Ende ist, die aber nach getaner Arbeit zurückkehren, um andere zu erfreuen. Diese Großen sind von allem Irdischen unberührt. Sie nehmen für eine Zeitlang unsere Gestalt und unsere Begrenzungen an, um uns zu lehren, aber in Wirklichkeit sind sie niemals begrenzt, sie sind immer frei.

Das Gute ist der Wahrheit nahe, aber es ist noch nicht die Wahrheit. Nachdem wir gelernt haben, uns nicht durch das Böse stören zu lassen, müssen wir lernen, uns nicht durch das Gute glücklich machen zu lassen. Wir müssen herausfinden, dass wir jenseits des Bösen und des Guten sind. Wir müssen ihre Prinzipien studieren und sehen, dass sie beide notwendig sind.

Die Idee des Dualismus stammt von den alten Persern.[1] Wirklich gut und böse sind eins (weil sie beide Ketten und Produkte von *Maya* sind) und befinden sich in unserem eigenen Geist. Wenn der Geist auf sich selbst ausgerichtet ist, wird er weder von Gut noch von Böse beeinflusst. Sei vollkommen frei. Dann kann ihn nichts davon beeinflussen, und wir genießen Freiheit und Glückseligkeit. Das Böse ist eine eiserne Kette, das Gute ist eine goldene. Beide sind Ketten. Seid frei und wisst ein für alle Mal, dass es keine Kette für euch gibt. Ergreift die goldene Kette, um den Griff der eisernen zu lösen, und werft dann beide weg. Der Dorn des Bösen ist in unserem Fleisch. Nehmt einen anderen Dorn von demselben Strauch und zieht den ersten Dorn heraus. Dann werft beide weg und seid frei.

Nehmt in der Welt immer die Position des Gebenden ein. Gebt alles und erwartet keine Gegenleistung. Gebt Liebe, gebt Hilfe, gebt Dienst, gebt jede Kleinigkeit, die ihr könnt, aber lasst den Tauschhandel weg. Stellt keine

---

[1] Die Perser, die Anhänger Zarathustras, lehrten, dass die gesamte Schöpfung aus zwei primären Prinzipien hervorgegangen ist: aus Ormuzd (das Prinzip des Guten) und aus Ahriman (das Prinzip des Bösen).

Bedingungen, und es werden auch keine gestellt. Lasst uns von unserem eigenen Reichtum geben, so wie Gott uns gibt.

Der Herr ist der einzige Geber. Alle anderen Menschen auf der Welt sind nur Händler. Holt euch Seinen Scheck. Er kann überall eingelöst werden.

„Gott ist das unerklärliche, unaussprechliche Wesen der Liebe", das man kennen, aber niemals definieren kann.

* * *

In unserem Elend und unseren Kämpfen erscheint uns die Welt als ein furchtbarer Ort. Aber so wie wir überhaupt nicht beunruhigt sind, wenn wir zwei Welpen beim Spielen und Beißen zusehen, weil wir wissen, dass es nur Spaß ist und dass selbst ein scharfer Biss ab und zu keinen wirklichen Schaden anrichtet, so sind alle unsere Kämpfe in Gottes Augen nur ein Spiel. Diese Welt ist nur ein Spiel und amüsiert Gott nur. Nichts in ihr kann Gott zornig machen.

* * *

„Mutter! Im Meer des Lebens geht meine Barke unter.
Der Wirbelwind der Illusion, der Sturm der Anhaftung nimmt in jedem Augenblick zu.
Meine fünf Ruderer (Sinne) sind töricht, und der Steuermann (Geist) ist schwach.
Ich habe die Orientierung verloren, mein Boot sinkt.
Oh Mutter! Rette mich!"

„Mutter, Dein Licht macht weder vor dem Heiligen noch vor dem Sünder halt. Es belebt den Liebenden und den Mörder." Die Mutter manifestiert sich immer durch alles. Das Licht wird weder durch das, worauf es scheint, verunreinigt, noch wird es dadurch begünstigt. Das Licht ist immer rein, immer unveränderlich. Hinter jeder Kreatur steht die „Mutter", rein, lieblich, unveränderlich. „Mutter, manifestiert als Licht in allen Wesen, wir verneigen uns vor Dir!" Sie ist gleichermaßen in Leid, Hunger, Freude und Erhabenheit. „Wenn die Biene Honig saugt, isst der Herr." In dem Wissen, dass der Herr überall ist, geben die Weisen Lob und Tadel auf. Wisst, dass euch nichts verletzen kann. Wie das? Seid ihr nicht frei? Seid ihr nicht der *Atman*? Er ist das Leben unseres Lebens, das Hören unserer Ohren, das Sehen unserer Augen.

Wir gehen durch die Welt wie ein Mann, der von einem Polizisten verfolgt wird, und sehen nur den Schimmer ihrer Schönheit. All diese Angst, die uns verfolgt, kommt vom Glauben an die Materie. Die Materie erhält ihre ganze Existenz durch die Anwesenheit des Geistes hinter ihr. Was wir sehen, ist Gott, der die Natur durchdringt.[1]

Sonntag, 23. Juni 1895

Seid mutig und aufrichtig. Dann folgt irgendeinem Weg mit Hingabe, und ihr müsst das Ganze erreichen. Ergreift nur ein Glied der Kette, und die ganze Kette muss nach und nach kommen. Bewässert die Wurzeln des Baumes (das heißt, erreicht den Herrn), und der ganze Baum wird bewässert. Wenn wir den Herrn erreichen, bekommen wir alles.

Einseitigkeit ist der Fluch der Welt. Je mehr Seiten du entwickeln kannst, desto mehr Seelen hast du, und du kannst das Universum durch alle Seelen sehen – durch den *Bhakta* (Gottgeweihten) und den *Jnani* (Philosophen). Werde dir deiner eigenen Natur bewusst, und bleibe ihr treu. *Nishtha* (Hingabe an ein Ideal) ist die einzige Methode für den Anfänger, aber mit Hingabe und Aufrichtigkeit wird sie zu allem führen. Kirchen, Doktrinen, Formen sind die Hecken, die das zarte Pflänzchen schützen, aber sie müssen später niedergerissen werden, damit die Pflanze ein Baum werden kann. So sind die verschiedenen Religionen, die Bibeln, die *Veden*, die Dogmen nur Kübel für das Pflänzchen, aber es muss aus dem Kübel herauskommen. *Nishtha* ist in gewisser Weise das Einsetzen der Pflanze in den Kübel, der die kämpfende Seele auf ihrem Weg schützt.

Schaut auf den „Ozean" und nicht auf die „Welle". Seht keinen Unterschied zwischen Ameise und Engel. Jeder Wurm ist der Bruder des Nazareners. Wie kann es sein, dass einer größer und einer kleiner ist? Jeder ist groß an seinem Platz. Wir sind in der Sonne und in den Sternen ebenso wie hier. Der Geist ist jenseits von Raum und Zeit – er ist überall. Jeder Mund, der den Herrn lobt, ist mein Mund, jedes sehende Auge ist mein Auge. Wir sind nirgendwo eingesperrt. Wir sind kein Körper. Das Universum ist unser Körper. Wir sind Magier, die den Zauberstab schwingen und nach Belieben Szenen vor uns erschaffen. Wir sind die Spinne in ihrem riesigen Netz, die auf den verschiedenen Fäden gehen kann, wohin sie will. Die Spinne ist sich

---

[1] Hier bedeutet „Natur" Materie und Geist.

jetzt nur der Stelle bewusst, an der sie sich befindet, aber mit der Zeit wird sie sich des ganzen Netzes bewusst werden. Wir sind uns jetzt nur bewusst, wo unser Körper ist, wir können nur ein Gehirn benutzen, aber wenn wir das Überbewusstsein erreichen, wissen wir alles, wir können alle Gehirne benutzen. Schon jetzt können wir im Bewusstsein „den Anstoß geben", und er wirkt weiter ins Überbewusstsein hinein.

Wir streben danach, „zu sein" und nichts weiter, kein „Ich" – nur reiner Kristall, der alles reflektiert, aber immer derselbe ist. Wenn dieser Zustand erreicht ist, gibt es kein Tun mehr. Der Körper wird zu einem bloßen Mechanismus, rein, ohne Sorge um ihn. Er kann nicht unrein werden.

Wisse, dass du das Unendliche bist. Dann muss die Angst sterben. Sage immer: „Ich und mein Vater sind eins."

* * *

In der kommenden Zeit werden die Christusse so zahlreich sein wie Trauben an einem Weinstock. Dann wird das Spiel zu Ende sein und vergehen – wie Wasser in einem Kessel, das zu kochen beginnt, erst eine Blase wirft, dann eine andere, dann mehr und mehr, bis alles am Überschäumen ist und als Dampf vergeht. Buddha und Christus sind die beiden größten „Blasen", die die Welt bisher hervorgebracht hat. Moses war eine winzige Blase. Es kamen immer größere. Irgendwann werden alle Blasen sein und entweichen; aber die Schöpfung, die immer neu ist, wird neues Wasser bringen, um den Prozess von neuem zu durchlaufen.

Montag, 24. Juni 1895

(Die heutige Vorlesung war aus den *Bhakti*-Sutras von *Narada*.)

„Höchste Liebe zu Gott ist *Bhakti*, und diese Liebe ist die wahre Unsterblichkeit. Wenn ein Mensch sie erlangt, ist er vollkommen zufrieden, beklagt keinen Verlust und ist niemals eifersüchtig. Wenn er sie kennt, wird er verrückt."

Mein Meister pflegte zu sagen: „Diese Welt ist ein riesiges Irrenhaus, in dem alle Menschen verrückt sind, einige nach Geld, einige nach Frauen, einige nach Namen oder Ruhm, und einige wenige nach Gott. Ich ziehe es vor, nach Gott verrückt zu sein. Gott ist der Stein der Weisen, der uns in einem Augenblick in Gold verwandelt. Die Form bleibt, aber das Wesen wird verändert. Die menschliche Form bleibt, aber wir können nicht mehr verletzen oder sündigen."

„Wenn sie an Gott denken, weinen manche, singen manche, lachen manche, tanzen manche, sagen manch wunderbare Dinge, aber alle sprechen von nichts anderem als von Gott."

Propheten predigen, aber Inkarnationen wie Jesus, Buddha, Ramakrishna, können Religion geben. Ein Blick, eine Berührung genügt. Das ist die Kraft des Heiligen Geistes, das „Handauflegen". Die Kraft wurde vom Meister an die Schüler weitergegeben, die „Kette der Guru-Kraft". Das ist die wahre Taufe, die seit unzähligen Zeiten überliefert wurde.

„*Bhakti* kann nicht dazu benutzt werden, irgendwelche Wünsche zu erfüllen, da sie selbst die Kontrolle aller Wünsche ist." Narada nennt folgendes als Zeichen der Liebe: „Wenn alle Gedanken, alle Worte und alle Taten dem Herrn übergeben werden und die geringste Vergesslichkeit Gottes einen zutiefst unglücklich macht, dann hat die Liebe begonnen."

„Das ist die höchste Form der Liebe, weil darin kein Verlangen nach Gegenseitigkeit ist, das in jeder menschlichen Liebe steckt."

„Ein Mensch, der über die gesellschaftlichen und von den Schriften vorgeschriebenen Sitten hinausgegangen ist, ist ein *Sannyasin*. Wenn die ganze Seele zu Gott geht, wenn wir nur zu Gott Zuflucht nehmen, dann wissen wir, dass wir im Begriff sind, diese Liebe zu bekommen."

Gehorcht den Schriften, bis ihr stark genug seid, ohne sie auszukommen. Dann geht über sie hinaus. Bücher sind nicht der Weisheit letzter Schluss. Die Überprüfung ist der einzige Beweis für die religiöse Wahrheit. Jeder muss sich selbst vergewissern. Keinem Lehrer ist zu trauen, der sagt: „Ich habe gesehen, aber du kannst es nicht", sondern nur dem, der sagt: „Du kannst auch sehen." Alle Schriften, alle Wahrheiten sind *Veden* in allen Zeiten, in allen Ländern, denn diese Wahrheiten sind zu sehen, und jeder kann sie entdecken.

„Wenn die Sonne der Liebe am Horizont aufbricht, wollen wir alle unsere Handlungen Gott überlassen. Und wenn wir Ihn für einen Augenblick vergessen, betrübt uns das sehr."

Lass nichts zwischen Gott und deiner Liebe zu Ihm stehen. Liebe Ihn, liebe Ihn, liebe Ihn, und lass die Welt sagen, was sie will. Es gibt drei Arten von Liebe: Die eine verlangt, gibt aber nichts, die zweite ist ein Austausch, und die dritte ist Liebe ohne Gedanken an eine Gegenleistung – Liebe wie sie die Motte zum Licht hat.

„Liebe ist höher als Arbeit, als Yoga, als Wissen."

Arbeit ist lediglich eine Schulung für den Handelnden. Sie kann anderen nichts Gutes bringen. Wir müssen unser eigenes Problem lösen. Die Propheten zeigen uns nur, wie wir arbeiten sollen. „Was du denkst, das wirst du". Wenn du also deine Last auf Jesus wirfst, musst du an Ihn denken, werden wie Er und Ihn lieben.

„Höchste Liebe und höchste Erkenntnis sind eins."

Aber es genügt nicht, über Gott zu theoretisieren. Wir müssen lieben und arbeiten. Gebt die Welt und alle weltlichen Dinge auf, besonders solange die „Pflanze" zart ist. Denkt Tag und Nacht an Gott und an nichts anderes, soweit es möglich ist. Die täglich notwendigen Gedanken können alle durch Gott gedacht werden. Esst mit Ihm, trinkt mit Ihm, schlaft mit Ihm, seht Ihn in allem. Sprecht mit anderen über Gott. Das ist sehr nützlich.

Erlangt die Barmherzigkeit Gottes und die Seiner größten Kinder. Dies sind die beiden Hauptwege zu Gott. Die Gesellschaft dieser Kinder des Lichts ist sehr schwer zu bekommen. Fünf Minuten in ihrer Gesellschaft werden ein ganzes Leben verändern, und wenn du es wirklich genug willst, wird einer zu dir kommen. Die Gegenwart derer, die Gott lieben, macht einen Ort heilig, „so ist die Herrlichkeit der Kinder des Herrn". Sie sind Er, und wenn sie sprechen, sind ihre Worte heilige Schriften. Der Ort, an dem sie waren, wird von ihren Schwingungen erfüllt, und diejenigen, die dorthin gehen, spüren sie und haben die Neigung, ebenfalls heilig zu werden.

„Für solche Liebenden gibt es keinen Unterschied zwischen Kaste, Gelehrsamkeit, Schönheit, Geburt, Reichtum oder Beruf, denn alle sind Sein."

Gib jede schlechte Gesellschaft auf, besonders am Anfang. Vermeide weltliche Gesellschaft, die deinen Geist ablenkt. Gib alles „Ich und Mein" auf. Zu dem, der nichts in der Welt hat, kommt der Herr. Schneide die Fesseln aller weltlichen Neigungen ab. Überwinde die Faulheit und alle Sorge um das, was aus dir wird. Kehr niemals zurück, um das Ergebnis deiner Taten zu sehen. Gib alles dem Herrn, geh weiter und denk nicht daran. Die ganze Seele strömt in einem ununterbrochenen Strom zu Gott. Es gibt keine Zeit, Geld, Namen oder Ruhm zu suchen, keine Zeit, an irgendetwas anderes als an Gott zu denken. Dann wird in unsere Herzen jene unendliche, wunderbare Glückseligkeit der Liebe kommen.

Alle Wünsche sind nur Glasperlen. Die Liebe zu Gott wächst in jedem Augenblick und ist immer neu. Man kann sie nur durch das Fühlen erkennen. Die Liebe ist das Einfachste von allem. Sie erwartet keine Logik, sie ist natürlich. Wir brauchen keine Demonstration, keinen Beweis. Vernunft ist die Begrenzung von etwas durch unseren eigenen Verstand. Wir werfen ein Netz aus und fangen etwas, und dann sagen wir, dass wir es bewiesen haben. Aber niemals, niemals können wir Gott mit einem Netz fangen.

Die Liebe sollte von nichts abhängen. Selbst wenn die Liebe irrt, ist es die wahre Liebe, die wahre Glückseligkeit. Die Kraft ist dieselbe, wir können sie nutzen, wie wir wollen. Ihr wahres Wesen ist Frieden und Glückseligkeit. Der Mörder, der sein Kind küsst, vergisst für einen Augenblick alles außer der Liebe. Gib dich selbst auf, allen Egoismus, verlasse den Zorn, die Lust, gib alles Gott. „Ich bin nicht, sondern Du bist. Der alte Mensch ist ganz verschwunden, nur Du bleibst." „Ich bin Du." Gib niemandem die Schuld. Wenn das Böse kommt, wisse, dass der Herr mit dir spielt, und sei froh.

Die Liebe ist jenseits von Zeit und Raum. Sie ist absolut.

Dienstag, 25. Juni 1895

Auf jedes Glück folgt ein Unglück. Sie können weit voneinander entfernt oder nahe beieinander liegen. Je fortgeschrittener die Seele ist, desto schneller folgt das eine auf das andere. Was wir wollen, ist weder Glück noch Elend. Beide lassen uns unsere wahre Natur vergessen, beide sind Ketten – eine aus Eisen, eine aus Gold. Hinter beiden steht der *Atman*, der weder Glück noch Elend kennt. Dies sind Zustände, und Zustände müssen sich immer ändern. Aber das Wesen der Seele ist Glückseligkeit, Frieden, unveränderlich. Wir brauchen sie nicht zu erlangen, wir haben sie. Wir müssen nur die Schlacke abwaschen und sie sehen.

Steht auf dem Selbst. Nur dann können wir die Welt wirklich lieben. Nehmt einen sehr, sehr hohen Standpunkt ein. Da wir unsere universelle Natur kennen, müssen wir mit vollkommener Gelassenheit auf das ganze Panorama der Welt schauen. Es ist nur ein Kinderspiel, und da wir das wissen, müssen wir uns davon nicht aus der Ruhe bringen lassen. Wenn der Geist mit Lob zufrieden ist, wird er mit Tadel unzufrieden sein. Alle Vergnügungen der Sinne oder sogar des Verstandes sind vergänglich, aber in uns selbst gibt es die eine, wahre, ungebundene Freude, die von nichts abhängt. Sie ist vollkommen frei, sie ist Glückseligkeit. Je mehr Glückseligkeit wir in uns haben, desto spiritueller sind wir. Die Freude des Selbst ist das, was die Welt Religion nennt.

Das innere Universum, das wirkliche, ist unendlich viel größer als das äußere, das nur eine schattenhafte Projektion des wahren Universums ist. Diese Welt ist weder wahr noch unwahr. Sie ist der Schatten der Wahrheit. „Die Phantasie ist der vergoldete Schatten der Wahrheit", sagt der Dichter.

Wir treten in die Schöpfung ein, und dann wird sie für uns lebendig. Die Dinge sind an sich tot. Nur wir geben ihnen Leben, und dann drehen wir uns wie Narren um und haben Angst vor ihnen oder freuen uns an ihnen. Aber seid nicht wie einige Fischerinnen, die auf dem Heimweg vom Markt in einen Sturm gerieten und im Haus eines Blumenhändlers Zuflucht suchten. Sie übernachteten in einem Zimmer neben dem Garten, in dem die Luft von Blumenduft erfüllt war. Vergeblich versuchten sie, sich auszuruhen, bis eine von ihnen vorschlug, ihre Fischkörbe nass zu machen und sie neben ihre Köpfe zu stellen. Da fielen sie alle in einen tiefen Schlaf.

Die Welt ist unser Fischkorb. Wir dürfen uns nicht auf ihn verlassen, um uns zu vergnügen. Diejenigen, die das tun, sind die *Tamasas* oder die Gebundenen. Dann gibt es die *Rajasas* oder die Egoisten, die immer nur von „ich", „ich" sprechen. Sie tun manchmal gute Arbeit und können spirituell werden. Aber die höchsten sind die *Sattvikas*, die nach Innen Gerichteten, die nur im Selbst leben. Diese drei Qualitäten, *Tamas*, *Rajas* und *Sattva* (Müßiggang, Aktivität und Erleuchtung), sind in jedem vorhanden, und zu verschiedenen Zeiten überwiegen unterschiedliche Qualitäten.

Schöpfung heißt nicht, dass etwas hergestellt wird, sondern der Kampf um die Wiederherstellung des Gleichgewichts, wie wenn Korkatome auf den Boden eines Wassereimers geworfen werden und einzeln oder in Gruppen nach oben steigen. Das Leben ist und muss vom Bösen begleitet sein. Ein wenig Böses ist die Quelle des Lebens. Das wenige Böse, das es in der Welt gibt, ist sehr gut, denn wenn das Gleichgewicht wiederhergestellt ist, wird die Welt untergehen, weil Gleichheit und Zerstörung eins sind. Wenn diese Welt vergeht, gehen Gut und Böse mit ihr. Aber wenn wir diese Welt transzendieren können, werden wir sowohl das Gute als auch das Böse los und haben Glückseligkeit.

Es gibt keine Möglichkeit, jemals Vergnügen ohne Schmerz, Gut ohne Böse zu haben, denn das Leben selbst ist nur das verlorene Gleichgewicht. Was wir wollen, ist Freiheit, nicht Leben, nicht Vergnügen, nicht Gutes. Die Schöpfung ist unendlich, ohne Anfang und ohne Ende – das sich ständig bewegende Plätschern in einem unendlichen See. Es gibt noch unerreichte Tiefen und andere, in denen das Gleichgewicht wiederhergestellt wurde, aber die Welle bewegt sich immer weiter. Der Kampf um die Wiederherstellung des Gleichgewichts ist ewig. Leben und Tod sind nur verschiedene Namen für ein und dieselbe Tatsache, die zwei Seiten der einen Münze. Beide sind *Maya*, der unerklärliche Zustand des Strebens, zu einem Zeitpunkt zu leben, und einen Moment später zu sterben. Jenseits davon liegt die wahre Natur, der *Atman*. Obwohl wir einen Gott erkennen, ist es in Wirklichkeit nur das Selbst, von dem wir uns getrennt haben und das wir als außerhalb von uns liegend verehren. Aber es ist immer unser wahres Selbst – der eine und einzige Gott.

Um das Gleichgewicht wiederherzustellen, müssen wir *Tamas* durch *Rajas* entgegenwirken. Dann erobern wir *Rajas* durch *Sattva*, den ruhigen, schönen Zustand, der wachsen und wachsen wird, bis alles andere verschwunden ist. Gib die Knechtschaft auf. Werde ein Sohn, sei frei. Dann kannst du „den Vater sehen", wie Jesus es tat. Unendliche Kraft ist Religion und Gott. Vermeide Schwäche und Sklaverei. Du bist nur eine Seele, wenn du frei bist. Es gibt Unsterblichkeit für dich, wenn du frei bist. Es gibt Gott, wenn Er frei ist.

* * *

Mein Meister pflegte zu sagen: „Alles ist Gott, aber der Tiger-Gott ist zu meiden. Alles Wasser ist Wasser, aber wir vermeiden es, schmutziges Wasser zu trinken."

Der ganze Himmel ist das Gefäß Gottes, und Sonne und Mond sind die Lampen. Welcher Tempel wird benötigt? Alle Augen sind Dein, und doch hast Du kein Auge. Alle Hände sind Dein, und doch hast Du keine Hand.

Suche nichts und meide nichts, nimm, was kommt. Es ist die Freiheit, von nichts berührt zu werden. Ertrage nicht nur, sei ungebunden. Erinnere dich an die Geschichte vom Stier. Eine Mücke saß lange auf dem Horn eines Stiers. Da plagte sie ihr Gewissen, und sie sagte: „Herr Stier, ich sitze schon lange hier, vielleicht störe ich dich. Es tut mir leid, ich werde weggehen." Aber der Stier antwortete: „Oh nein, keineswegs! Bring deine ganze Familie mit und lebt auf meinem Horn. Was kannst du mir schon antun?"

Mittwoch, 26. Juni 1895

Unsere beste Arbeit wird getan, unser größter Einfluss wird ausgeübt, wenn wir ohne Gedanken an uns selbst sind. Alle großen Genies wissen das. Öffnen wir uns dem einen göttlichen Akteur, lassen wir Ihn handeln und tun wir nichts selbst. „Oh *Arjuna*! Ich habe keine Pflicht in der ganzen Welt", sagt *Krishna*. Sei vollkommen ergeben, vollkommen unbesorgt. Nur dann kannst du wahrhaft wirken. Keine Augen können die wirklichen Kräfte sehen. Wir können nur die Ergebnisse sehen. Schalte dein Selbst aus, verliere dich, vergiss dich, lass einfach Gott wirken. Es ist Seine Sache. Wir müssen nichts weiter tun, als beiseite zu treten und Gott wirken zu lassen. Je mehr wir von uns weggehen, desto näher kommt Gott. Werde das kleine „Ich" los, und lasse nur das große „Ich" leben.

Wir sind das, was unsere Gedanken aus uns gemacht haben. Achte also darauf, was du denkst. Worte sind zweitrangig. Gedanken leben. Sie reisen weit. Jeder Gedanke, den wir denken, ist von unserem eigenen Charakter gefärbt, so dass bei den reinen und heiligen Menschen selbst in ihren Scherzen oder Beschimpfungen Liebe und Reinheit liegen und Gutes bewirken.

Begehre nichts. Denke an Gott, und erwarte keine Gegenleistung. Es sind die Wunschlosen, die Ergebnisse bringen. Die Bettelmönche bringen die Religion zu allen Menschen, aber sie denken, dass sie nichts tun. Sie fordern nichts. Sie tun unwillkürlich ihre Arbeit. Wenn sie vom Baum der Erkenntnis essen würden, würden sie zu Egoisten werden, und all das Gute, das sie tun, würde verfliegen. Sobald wir „ich" sagen, werden wir ständig betrogen, und wir nennen es erkennbar. Tatsächlich aber dreht es sich nur im Kreis wie ein Ochse, der an einen Baum gebunden ist. Der Herr hat sich selbst am besten verborgen, und Sein Werk ist das beste. Wer sich also am besten verbirgt, vollbringt am meisten. Erobere dich selbst, und das ganze Universum gehört dir.

Im Zustand von *Sattva* sehen wir die Natur der Dinge. Wir gehen über die Sinne und die Vernunft hinaus. Die unüberwindbare Mauer, die uns einschließt, ist der Egoismus. Wir beziehen alles auf uns selbst und denken: „Ich tue dies, das und jenes." Befreie dich von diesem mickrigen „Ich". Töte diese Teufelei in dir. „Nicht ich, sondern du" – sage es, fühle es, lebe es. Solange wir die vom Ego geschaffene Welt nicht aufgeben, können wir das Himmelreich nicht betreten. Keiner hat es je getan, und keiner wird es je tun. Die Welt aufzugeben bedeutet, das Ego zu vergessen, es überhaupt nicht zu kennen – im Körper zu leben, aber nicht von ihm. Dieses schurkische Ego muss ausgelöscht werden. Segne die Menschen, wenn sie dich beschimpfen. Denke daran, wie viel Gutes sie dir tun. Sie können nur sich selbst schaden. Geht dorthin, wo man euch hasst, lasst sie das Ego aus euch herausprügeln, und ihr werdet dem Herrn näherkommen. Wie die Affenmutter umarmen wir unser „Baby", die Welt, so lange wir können, aber wenn wir endlich gezwungen sind, sie unter die Füße zu stellen und auf sie zu treten,[1] dann sind wir bereit, zu Gott zu kommen. Es ist ein Glück, um der Gerechtigkeit willen verfolgt zu werden. Selig sind wir, wenn wir nicht lesen können. Dann haben wir weniger, das uns von Gott entfernt.

Das Vergnügen ist die millionenköpfige Schlange, die wir mit Füßen treten müssen. Wir verzichten und gehen weiter, finden dann nichts und verzweifeln. Aber haltet durch, haltet durch! Die Welt ist ein Dämon. Sie ist ein Reich, in dem das mickrige Ego König ist. Lege es ab, und bleibe standhaft. Gib Lust, Gold und Ruhm auf und halte dich an den Herrn. Schließlich werden wir einen Zustand der vollkommenen Gleichmütigkeit erreichen. Die Vorstellung, dass die Befriedigung der Sinne ein Vergnügen darstellt, ist rein materialistisch. Es gibt nicht einen Funken echten Genusses. Alle Freude, die es gibt, ist nur ein Abglanz der wahren Glückseligkeit.

Diejenigen, die sich dem Herrn hingeben, tun mehr für die Welt als alle sogenannten Arbeiter. Ein Mensch, der sich gründlich geläutert hat, leistet mehr als ein Regiment von Predigern. Aus der Reinheit und Stille kommt das Wort der Kraft.

---

[1] Die Affenmutter liebt ihre Jungen sehr, aber wenn eine Eisenplatte unter ihren Füßen erhitzt wird und es unerträglich heiß wird, lässt sie das Baby fallen und tritt sogar auf es, um sich selbst zu retten.

„Sei wie eine Lilie. Bleibe an einem Ort, breite deine Blütenblätter aus, und die Bienen werden von selbst kommen." Es gab einen großen Gegensatz zwischen Keshab Chandra Sen und Sri Ramakrishna. Der zweite erkannte nie eine Sünde oder ein Elend in der Welt, kein Übel, das es zu bekämpfen galt. Der erste war ein großer ethischer Reformer, Führer und Gründer des *Brahmo-Samaj.* Nach zwölf Jahren hatte der stille Prophet von Dakshineswar eine Revolution nicht nur in Indien, sondern in der ganzen Welt bewirkt. Die Macht liegt bei den Schweigenden, die nur leben und lieben und dann ihre Persönlichkeit zurückziehen. Sie sagen nie „ich" und „mein". Sie sind nur gesegnet, weil sie Werkzeuge sind. Solche Menschen sind die Schöpfer von Christussen und Buddhas, die immer in voller Identifikation mit Gott leben, ideale Existenzen, die nichts verlangen und nichts bewusst tun. Sie sind die wahren Macher, die *Jivanmuktas* (wörtlich: frei, auch wenn sie leben), absolut selbstlos. Ihre kleine Persönlichkeit ist völlig verschwunden. Sie sind ohne Ehrgeiz. Sie sind ganz Prinzip, keine Persönlichkeit mehr.

Donnerstag, 27. Juni 1895

(Der Swami brachte heute Morgen das Neue Testament mit und sprach wieder über das Johannesevangelium).

Mohammed behauptete, der „Tröster" zu sein, den Christus zu senden versprochen hatte. Er hielt es für unnötig, Jesus eine übernatürliche Geburt zuzuschreiben. Solche Behauptungen waren in allen Zeitaltern und in allen Ländern üblich. Alle großen Männer haben Götter als ihre Väter beansprucht.

Wissen ist nur relativ. Wir können Gott sein, ihn aber niemals kennen. Wissen ist ein niederer Zustand. Adams Fall war der Zeitpunkt, an dem er „wusste". Davor war er Gott, war er Wahrheit, war er Reinheit. Wir sind unser eigenes Gesicht, aber wir sehen nur ein Spiegelbild, niemals das Echte. Wir sind Liebe, aber wenn wir an sie denken, müssen wir ein Phantasma benutzen, was beweist, dass die Materie nur ein externalisierter Gedanke ist.[1]

---

[1] Da der Wissende nur sein Spiegelbild und nicht sich selbst kennen kann, ist er immer unerkennbar. Wissen ist also vom Wissenden verschieden und getrennt, und als solches ist es ein nach außen gerichteter Gedanke oder ein Gedanke, der

Nivritti bedeutet, sich von der Welt abzuwenden. In der hinduistischen Mythologie heißt es, dass die vier Erstgeschaffenen (Sanaka, Sanandana, Sa-
natana und Sanatkumara) von einem Schwan (Gott selbst) gewarnt wurden,
dass die Manifestation nur an zweiter Stelle stünde. Also erschufen sie nicht.
Das bedeutet, dass der Ausdruck eine Entartung ist, denn der Geist kann nur
durch den Buchstaben ausgedrückt werden, und dann „tötet der Buchstabe".
(2. Kor. 3.6) Dennoch muss das Prinzip in die Materie gekleidet werden,
obwohl wir wissen, dass die Hülle das Wirkliche verdeckt. Jeder große Lehrer versteht das, und deshalb muss eine ständige Folge von Propheten kommen, um uns das Prinzip zu zeigen und ihm eine neue, der Zeit angemessene
Form zu geben.

Mein Meister lehrte, dass es nur eine Religion gibt. Alle Propheten lehren
dasselbe. Aber sie können das Prinzip nur in einer Form darstellen. Deshalb
nehmen sie es aus der alten Form heraus und legen es uns in einer neuen
vor. Wenn wir uns von Namen und Form befreien, besonders von einem
Körper, wenn wir keinen Körper brauchen, weder einen guten noch einen
schlechten, dann erst entkommen wir der Knechtschaft. Ewiges Fortschreiten ist ewige Knechtschaft. Die Auslöschung der Form ist vorzuziehen. Wir
müssen uns von jedem Körper befreien, auch von einem „Gott-Körper".
Gott ist die einzige wirkliche Existenz. Es kann nicht zwei geben. Es gibt
nur eine Seele, und die bin ich.

Gute Werke sind nur wertvoll als Mittel, um zu entkommen. Sie nützen
demjenigen, der sie tut, aber niemals einem anderen.

Wissen ist bloße Klassifizierung. Wenn wir viele Dinge der gleichen Art
finden, geben wir der Summe von ihnen einen bestimmten Namen und sind
zufrieden. Wir entdecken „Fakten", niemals das Warum. Wir gehen in einem weiteren Feld der Dunkelheit im Kreis herum und glauben, wir wüssten
etwas. Kein Warum kann in dieser Welt beantwortet werden. Dafür müssen
wir zu Gott gehen. Der Wissende kann niemals ausgedrückt werden. Es ist,
wie wenn ein Salzkorn ins Meer fällt. Es zerschmilzt sofort im Meer.

---

außerhalb des Wissenden als eine getrennte Wesenheit steht. Da der Wissende Geist
genannt wird, sollte das, was sich von ihm unterscheidet und getrennt ist, Materie
genannt werden. Daher sagt der Swami: „Materie ist nur der nach außen gerichtete
Gedanke."

Unterscheidung schafft. Homogenität oder Gleichheit ist Gott. Überwinde die Unterscheidung, dann überwindest du Leben und Tod und erreichst die ewige Gleichheit und bist in Gott, bist Gott. Erlangt Freiheit, selbst um den Preis des Lebens. Alle Leben gehören zu uns wie die Blätter zu einem Buch. Aber wir sind unverändert, der Zeuge, die Seele, die den Eindruck empfängt, wie wenn das Auge den Eindruck eines Kreises empfängt, wenn eine Fackel schnell herumgewirbelt wird. Die Seele ist die Einheit aller Persönlichkeiten, und weil sie ruht, ist sie ewig und unveränderlich. Sie ist Gott, *Atman*. Sie ist nicht das Leben, aber sie ist in das Leben hineingeprägt. Sie ist nicht Vergnügen, aber sie wird zu Vergnügen gemacht.

Heute wird Gott von der Welt verlassen, weil Er nicht genug für die Welt zu tun scheint. Deshalb sagen sie: „Wozu ist Er gut?" Sollen wir Gott bloß als Oberhaupt unseres Staates betrachten?

Alles, was wir tun können, ist, alle Wünsche, Hasstiraden und Differenzen abzulegen, das niedere Selbst abzulegen, sozusagen geistigen Selbstmord zu begehen, Körper und Geist rein und gesund zu halten, aber nur als Werkzeuge, die uns helfen, zu Gott zu kommen. Das ist ihr einziger wahrer Nutzen. Sucht die Wahrheit einzig um der Wahrheit willen, sucht nicht nach Glückseligkeit. Sie kann kommen, aber lasst sie nicht euer Ansporn sein. Habt kein anderes Motiv als Gott. Wage es, zur Wahrheit zu gelangen, sogar durch die Hölle.

Freitag, 28. Juni 1895

(Die gesamte Gruppe machte an diesem Tag ein Picknick, und obwohl der Swami ständig lehrte, wie er es überall tat, wo er war, wurden keine Notizen gemacht, und daher gibt es keine Aufzeichnungen über das, was er sagte. Als er jedoch zu frühstücken begann, bevor er aufbrach, bemerkte er:)

Seid dankbar für alle Nahrung, sie ist *Brahman*. Seine universelle Energie wird in unsere individuelle Energie umgewandelt und hilft uns bei allem, was wir tun.

(Der Swami kam heute Morgen mit einer Gita in der Hand.)

Krishna, der „Herr der Seelen", spricht zu *Arjuna* oder *Gudakesha*, dem „Herrn des Schlafes" (er, der den Schlaf besiegt hat). Diese Welt ist das „Feld der Tugend" (das Schlachtfeld). Die fünf Brüder (die die Rechtschaffenheit repräsentieren) kämpfen gegen die hundert anderen Brüder (alles, was wir lieben und gegen das wir kämpfen müssen). Der heldenhafteste Bruder, *Arjuna* (die erwachte Seele), ist der General. Wir müssen alle Sinnesfreuden bekämpfen, die Dinge, an denen wir am meisten hängen, um sie zu töten. Wir müssen allein stehen. Wir sind *Brahman*. Alle anderen Ideen müssen in dieser einen verschmelzen.

Krishna tat alles, aber ohne jegliche Anhaftung. Er war in der Welt, aber nicht von ihr. „Tue alle Arbeit, aber ohne Anhaftung. Arbeite um der Arbeit willen, niemals für dich selbst."

Die Freiheit kann niemals für den Namen und die Form gelten. Sie ist der Ton, aus dem wir (die Töpfe) gemacht sind. Dann ist sie begrenzt und nicht frei, so dass die Freiheit niemals für das, was damit verbunden ist, gelten kann. Ein Topf kann als Topf niemals sagen: „Ich bin frei." Erst wenn er alle Vorstellungen von Form verliert, wird er frei. Das ganze Universum ist nur das Selbst mit Variationen, die eine Melodie, die durch Variationen erträglich gemacht wird. Manchmal gibt es Misstöne, aber sie machen die nachfolgende Harmonie nur noch vollkommener. In der universellen Melodie stechen drei Ideen hervor: Freiheit, Stärke und Gleichheit.

Wenn deine Freiheit andere verletzt, bist du nicht frei. Du darfst andere nicht verletzen.

„Schwach zu sein heißt, elend zu sein", sagt Milton. Tun und Leiden sind untrennbar miteinander verbunden. (Oft ist auch derjenige, der am meisten lacht, derjenige, der am meisten leidet.) „Auf die Arbeit hast du ein Recht, nicht auf ihre Früchte."

* * *

Böse Gedanken sind, materialistisch betrachtet, die Bazillen der Krankheit.

Jeder Gedanke ist ein kleiner Hammerschlag auf den Eisenklumpen, der unser Körper ist, und macht aus ihm, was wir wollen.

Wir sind Erben aller guten Gedanken des Universums, wenn wir uns für sie öffnen.

Das Buch ist ganz in uns. Narr, hörst du nicht? In deinem eigenen Herzen singt Tag und Nacht die ewige Musik – *Sat-Chit-Ananda*, *Soham*, *Soham* – absolute Existenz-Erkenntnis-Glückseligkeit, ich bin Er, ich bin Er.

Die Quelle allen Wissens ist in jedem von uns, in der Ameise wie im höchsten Engel. Die wahre Religion ist eins, aber wir streiten uns um die Formen, die Symbole, die Erläuterungen. Das Millennium existiert bereits für diejenigen, die es finden. Wir haben uns selbst verloren und denken dann, die Welt sei verloren.

Die vollkommene Kraft ist in dieser Welt nicht aktiv. Sie ist nur da, sie handelt nicht.

Während die wirkliche Vollkommenheit nur eine ist, müssen die relativen Vollkommenheiten viele sein.

Sonntag, 30. Juni 1895

Der Versuch, bildlos zu denken, ist der Versuch, das Unmögliche möglich zu machen. Wir können „Säugetiere" nicht ohne ein konkretes Beispiel denken. So ist es auch mit der Idee von Gott.

Die große Abstraktion der Vorstellungen in der Welt ist das, was wir Gott nennen.

Jeder Gedanke hat zwei Teile, den Gedanken und das Wort, und wir brauchen beides. Weder Idealisten noch Materialisten haben Recht. Wir müssen beides nehmen, Idee und Ausdruck.

Alles Wissen ist ein Spiegelbild, so wie wir unser Gesicht nur in einem Spiegel sehen können. Niemand wird jemals sein eigenes Selbst oder Gott erkennen, aber wir sind dieses eigene Selbst, wir sind Gott.

Im *Nirvana* bist du, wenn du nicht bist. Buddha sagte: „Du bist am besten, du bist wirklich, wenn du nicht bist", wenn das kleine Selbst verschwunden ist.

Das göttliche Licht im Inneren ist bei den meisten Menschen verdunkelt. Es ist wie eine Lampe in einem Eisenfass. Kein Lichtschimmer kann hindurchscheinen. Allmählich können wir durch Reinheit und Selbstlosigkeit das verdunkelnde Medium immer undichter machen, bis es schließlich so durchsichtig wie Glas wird. Sri Ramakrishna war wie das Eisenfass, das in ein Glasfass verwandelt wurde, durch das das innere Licht, so wie es ist, gesehen werden kann. Wir alle sind auf dem Weg, zu einem Glasfass zu werden und sogar zu immer höheren Spiegelungen. Solange es ein „Fass" gibt, müssen wir mit materiellen Mitteln denken. Kein ungeduldiger Mensch kann jemals Erfolg haben.

* * *

Große Heilige sind objektivierte Darstellungen des Prinzips. Aber die Jünger machen den Heiligen zum Prinzip, und dann vergessen sie das Prinzip in der Person.

Das Ergebnis von Buddhas ständiger Anprangerung eines persönlichen Gottes war die Einführung von Götzen in Indien. In den *Veden* kannten sie sie nicht, weil sie Gott überall sahen, aber die Reaktion auf den Verlust von Gott als Schöpfer und Freund war, Götter zu machen, und Buddha wurde ein Gott – so auch Jesus. Die Bandbreite der Idole reicht von Holz und Stein bis zu Jesus und Buddha, aber wir brauchen Idole.

* * *

Gewaltsame Reformversuche enden immer damit, dass sie die Reform verzögern. Sagt nicht: „Du bist schlecht." Sagt nur: „Du bist gut, aber werde besser."

Priester sind in jedem Land ein Übel, weil sie anprangern und kritisieren. Sie ziehen an einem Strang, um ihn zu flicken, bis zwei oder drei andere in Unordnung kommen. Die Liebe prangert nie an. Das tut nur der Ehrgeiz. Es gibt keinen „gerechten" Zorn und kein gerechtfertigtes Töten.

Wenn man jemandem nicht erlaubt, ein Löwe zu werden, wird er ein Fuchs werden. Frauen sind eine Macht, die nur jetzt zum Bösen neigt, weil der Mann die Frau unterdrückt. Sie ist der Fuchs, aber wenn sie nicht mehr unterdrückt wird, wird sie zum Löwen.

Das spirituelle Streben sollte durch den Intellekt im Gleichgewicht gehalten werden, sonst kann es in bloße Sentimentalität ausarten.

Alle Theisten sind sich einig, dass hinter dem Veränderlichen ein Unveränderliches steht, auch wenn sie sich in ihrer Vorstellung vom Letzten unterscheiden. Buddha leugnete dies völlig. „Es gibt kein *Brahman*, keinen *Atman*, keine Seele", sagte er.

Als Persönlichkeit war Buddha der Größte, den die Welt je gesehen hat. Neben ihm war es Christus. Aber die Lehren *Krishnas*, wie sie in der Gita gelehrt werden, sind das Großartigste, was die Welt je gekannt hat. Er, der dieses wunderbare Gedicht schrieb, war eine jener seltenen Seelen, deren Leben eine Welle der Erneuerung durch die Welt schickte. Die menschliche Rasse wird nie wieder ein solches Gehirn sehen wie das, das die Gita schrieb.

* * *

Es gibt nur eine Macht, ob sie sich als böse oder als gut manifestiert. Gott und der Teufel sind derselbe Fluss, dessen Wasser in entgegengesetzte Richtungen fließt.

Montag, 1. Juli 1895

(Sri Ramakrishna Deva)

Sri Ramakrishna war der Sohn eines sehr orthodoxen Brahmanen, der es ablehnte, von irgendjemandem ein Geschenk zu erhalten, wenn er nicht seiner besonderen Brahmanenkaste angehörte. Er durfte weder arbeiten noch ein Priester in einem Tempel sein, noch Bücher verkaufen, noch irgendjemandem dienen. Er konnte nur das bekommen, „was vom Himmel fiel" (Almosen), und selbst dann durfte es nicht von einem „gefallenen" Brahmanen kommen.

Die Tempel haben keinen Einfluss auf die Hindu-Religion. Wenn sie alle zerstört würden, wäre die Religion kein bisschen beeinträchtigt. Ein Mann darf nur für „Gott und seine Gäste" ein Haus bauen. Für sich selbst zu bauen, wäre egoistisch. Deshalb errichtet er Tempel als Wohnstätten für Gott.

Aufgrund der extremen Armut seiner Familie war Sri Ramakrishna gezwungen, in seiner Jugend Priester in einem Tempel zu werden, der der göttlichen Mutter geweiht war, die auch *Prakriti* oder *Kali* genannt wird, dargestellt durch eine weibliche Figur, die mit den Füßen auf einer männlichen Figur steht, was darauf hinweist, dass wir nichts wissen können, solange *Maya* nicht ihren Schleier lüftet. *Brahman* ist ein Neutrum, unbekannt und unwissend, aber um objektiviert zu werden, bedeckt er sich mit einem Schleier von *Maya*, wird zur Mutter des Universums und bringt so die Schöpfung hervor. Die sich niederwerfende Gestalt (*Shiva* oder Gott) ist *Shava* (tot oder leblos) geworden, indem sie von *Maya* bedeckt wurde. Der *Jnani* sagt: „Ich werde Gott mit Gewalt aufdecken" (Advaita), aber der Dualist sagt: „Ich werde Gott aufdecken, indem ich zur Mutter bete und sie anflehe, die Tür zu öffnen, zu der Sie allein den Schlüssel hat."

Der tägliche Dienst für die Mutter *Kali* erweckte allmählich eine so intensive Hingabe im Herzen des jungen Priesters, dass er den regulären Tempeldienst nicht mehr ausüben konnte. So gab er seine Pflichten auf und zog sich in ein kleines Waldstück auf dem Tempelgelände zurück, wo er sich ganz der Meditation hingab. Dieses Wäldchen lag am Ufer des Flusses Ganges, und eines Tages trug die reißende Strömung das nötige Material für den Bau einer kleinen Behausung vor seine Füße. In dieser Behausung verweilte er, weinte und betete und kümmerte sich weder um seinen Körper noch um irgendetwas anderes als um seine Göttliche Mutter. Ein Verwandter gab ihm einmal am Tag zu essen und wachte über ihn. Später kam eine *Sannyasini* oder Asketin, um ihm zu helfen, seine „Mutter" zu finden. Was immer er an Lehrern brauchte, kam ungefragt zu ihm. Von jeder Sekte kam irgendein Heiliger und bot ihm an, ihn zu belehren, und er hörte jedem eifrig zu. Aber er verehrte nur die Mutter. Für ihn war alles Mutter.

Sri Ramakrishna sagte nie ein hartes Wort zu jemanden. Er war so wunderbar tolerant, dass jede Sekte dachte, er gehöre zu ihr. Er liebte jeden. Für ihn waren alle Religionen wahr. Er fand für jede einen Platz. Er war frei, aber frei in der Liebe, nicht im „Donnern". Der milde Typ schafft, der donnernde Typ verbreitet. Paulus war der donnernde Typ, der das Licht verbreitete.[1]

Das Zeitalter des heiligen Paulus ist jedoch vorbei. Wir sollen die neuen Lichter für diesen Tag sein. Eine sich an unsere Zeit anpassende Organisation ist das, was wir am meisten brauchen. Wenn wir eine solche bekommen, wird das die letzte Religion der Welt sein. Das Rad muss sich drehen, und wir sollten ihm helfen, nicht es behindern. Die Wellen des religiösen Denkens steigen und fallen, und auf der obersten steht der „Prophet der Zeit". Ramakrishna kam, um die Religion von heute zu lehren, konstruktiv, nicht

---

[1] Es wurde von vielen gesagt, dass Swami Vivekananda für Sri Ramakrishna eine Art Paulus war.

destruktiv. Er musste sich erneut an die Natur wenden, um nach Fakten zu fragen, und er bekam eine wissenschaftliche Religion, die niemals sagt: „Glaube", sondern „Sieh", „Ich sehe, und auch du kannst sehen." Benutzt die gleichen Mittel, und ihr werdet die gleiche Vision erreichen. Gott wird zu jedem kommen. Harmonie ist für alle erreichbar. Sri Ramakrishnas Lehren sind „das Wesentliche des Hinduismus". Sie waren nicht nur die seinen. Er behauptete auch nicht, dass sie das seien. Er scherte sich nicht um Namen oder Ruhm.

Er begann zu predigen, als er etwa vierzig Jahre alt war, aber er ging nie hinaus, um zu predigen. Er wartete auf diejenigen, die seine Lehren hören wollten, dass sie zu ihm kamen. Nach hinduistischem Brauch verheirateten ihn seine Eltern in früher Jugend mit einem kleinen Mädchen von fünf Jahren, das mit seiner Familie in einem entfernten Dorf lebte und nichts von dem großen Kampf mitbekam, den ihr junger Mann durchmachte. Als sie erwachsen wurde, war er bereits tief in religiöse Hingabe versunken. Sie reiste zu Fuß von zuhause aus zum Tempel in Dakshineswar, wo er damals lebte. Sobald sie ihn sah, erkannte sie, was er war, denn sie selbst war eine große Seele, rein und heilig, die nur den Wunsch hatte, ihm bei seiner Arbeit zu helfen und ihn niemals auf die Ebene des *Grihastha* (Haushälters) herabzuziehen.

Sri Ramakrishna wird in Indien als eine der großen Inkarnationen verehrt, und sein Geburtstag wird dort als religiöses Fest gefeiert.

Ein merkwürdiger runder Stein ist das Sinnbild des allgegenwärtigen *Vishnu*. Jeden Morgen kommt ein Priester, bringt dem Idol Opfer dar, schwenkt Weihrauch vor ihm, bettet es zur Ruhe und bittet Gott um Vergebung, dass er Ihn auf diese Weise verehrt, weil er Ihn nur durch ein Bild oder einen materiellen Gegenstand begreifen kann. Er badet das Idol, kleidet es und legt sein göttliches Selbst in das Idol, „um es lebendig zu machen".

* * *

Tapas bedeutet wörtlich „verbrennen". Es ist eine Art von Buße, um die höhere Natur zu „erhitzen". Es hat manchmal die Form eines Gelübdes, wenn von Sonnenaufgang bis Sonnenuntergang das Om den ganzen Tag über wiederholt wird. Diese Handlungen erzeugen eine bestimmte Kraft, die man in jede beliebige Form umwandeln kann, sei sie spirituell oder materiell. Diese Idee des *Tapas* durchdringt die gesamte hinduistische Religion.

Die Hindus sagen sogar, dass Gott *Tapas* geübt hat, um die Welt zu erschaffen. Es ist ein geistiges Instrument, mit dem man alles tun kann. „Alles in den drei Welten kann durch *Tapas* erlangt werden."

* * *

Ein großer *Bhakta* (*Hanuman*) sagte einmal auf die Frage, welcher Tag des Monats es sei: „Gott ist mein ewiges Datum. Mich interessiert kein anderes Datum."

Dienstag, 2. Juli 1895

(Die Göttliche Mutter)

Shaktas verehren die universelle Energie als Mutter. Es ist der lieblichste Name, den sie kennen, denn die Mutter ist in Indien das höchste Ideal der Weiblichkeit. Wenn Gott als „Mutter", als Liebe, verehrt wird, nennen die Hindus dies den „rechtshändigen" Weg, der zu Spiritualität, aber niemals zu materiellem Wohlstand führt. Wenn Gott in seiner schrecklichen Seite verehrt wird, d.h. auf die „linkshändige" Weise, führt dies gewöhnlich zu großem materiellem Wohlstand, aber selten zu Spiritualität, und schließlich führt es zu Degeneration und zur Auslöschung der Rasse, die es praktiziert.

Die Mutter ist die erste Manifestation der Macht und wird als eine höhere Idee als der Vater betrachtet. Mit dem Namen der Mutter kommt die Vorstellung von *Shakti*, göttlicher Energie und Allmacht, so wie das Baby glaubt, dass seine Mutter allmächtig ist und alles tun kann. Die Göttliche Mutter ist die *Kundalini* („aufgerollte" Kraft), die in uns schläft. Ohne sie zu verehren, können wir uns selbst nicht erkennen. Allbarmherzig, allmächtig, allgegenwärtig sind Attribute der Göttlichen Mutter. Sie ist die Gesamtsumme der Energie im Universum. Jede Manifestation von Macht im Universum ist die „Mutter". Sie ist Leben, Sie ist Intelligenz, Sie ist Liebe. Sie ist im Universum und doch getrennt von ihm. Sie ist eine Person und kann gesehen und gekannt werden (wie Sri Ramakrishna sie sah und kannte). In der Idee der Mutter verankert, können wir alles tun. Sie erhört die Gebete schnell.

Sie kann sich uns in jeder Form und zu jedem Zeitpunkt zeigen. Die Göttliche Mutter kann eine Form (*Rupa*) und einen Namen (*Nama*) oder einen Namen ohne Form haben. Wenn wir sie in diesen verschiedenen Aspekten verehren, können wir uns zum reinen Sein erheben, das weder Form noch Namen hat.

Die Summe aller Zellen in einem Organismus ist eine Person. So ist jede Seele wie eine Zelle, und die Summe von ihnen ist Gott. Jenseits davon ist das Absolute. Das ruhige Meer ist das Absolute. Das gleiche Meer in Wellen ist die Göttliche Mutter. Sie ist Zeit, Raum und Kausalität. Gott ist Mutter und hat zwei Naturen, die bedingte und die unbedingte. Als rstere ist sie Gott, Natur und Seele (Mensch). Als letztere ist sie unbekannt und unerkennbar. Aus dem Unbedingten entstand die Dreifaltigkeit – Gott, Natur und Seele, das Dreieck der Existenz. Dies ist die Idee der Anhänger des *Vishishtadvaita*.

Ein bisschen von der Mutter, ein Tropfen, war *Krishna*, ein anderer war Buddha, ein anderer war Christus. Die Verehrung von auch nur einem Funken der Mutter in unserer irdischen Mutter führt zu Größe. Verehre Sie, wenn du Liebe und Weisheit willst.

Mittwoch, 3. Juli 1895

Im Allgemeinen beginnt die menschliche Religion mit Furcht. „Die Furcht des Herrn ist der Anfang der Weisheit." Aber später kommt der höhere Gedanke: „Vollkommene Liebe vertreibt die Furcht." Spuren der Furcht werden in uns bleiben, bis wir zur Erkenntnis gelangen, bis wir wissen, was Gott ist. Christus, der Mensch war, musste die Unreinheit sehen und prangerte sie an. Aber Gott, der unendlich höhere Gott, sieht die Ungerechtigkeit nicht und kann nicht zornig sein. Anprangern ist nie das Höchste. Davids Hände waren mit Blut beschmiert. Er konnte den Tempel nicht bauen. (Samuel 17)

Je mehr wir in Liebe, Tugend und Heiligkeit wachsen, desto mehr sehen wir Liebe, Tugend und Heiligkeit im Außen. Jede Verurteilung der anderen verurteilt in Wirklichkeit uns selbst. Ordnet den Mikrokosmos (was in eurer Macht liegt), und der Makrokosmos wird sich für euch ordnen. Es ist wie das hydrostatische Paradoxon: Ein Tropfen Wasser kann das Universum im Gleichgewicht halten. Wir können nicht nach außen sehen, wenn wir nicht im Inneren sind. Das Universum ist für uns das, was der große Motor für den kleinen Motor ist. Und jeder Hinweis auf einen Fehler im kleinen Motor gibt uns eine Vorstellung über die Probleme im großen Motor.

Jeder Schritt, der in der Welt wirklich erreicht wurde, wurde durch die Liebe erreicht. Kritik kann niemals etwas Gutes bewirken. Das ist seit Tausenden von Jahren versucht worden. Verurteilung führt zu nichts.

Ein echter *Vedantin* muss mit allen sympathisieren. Monismus oder absolutes Einssein ist die Seele des *Vedanta*. Dualisten neigen natürlich dazu, intolerant zu werden und ihren Weg für den einzigen zu halten. Die Vishnuiten in Indien, die Dualisten sind, sind eine äußerst intolerante Sekte. Von den Shivaiten, einer anderen dualistischen Sekte, wird die Geschichte eines Anhängers namens Ghantakarna oder Glockenohr erzählt, der ein so hingebungsvoller Verehrer *Shivas* war, dass er nicht einmal den Namen irgendeiner anderen Gottheit hören wollte. Deshalb trug er zwei Glocken an den Ohren, um den Klang jeder Stimme zu übertönen, die einen anderen göttlichen Namen aussprach. Aufgrund seiner intensiven Hingabe an *Shiva* wollte dieser ihn lehren, dass es keinen Unterschied zwischen *Shiva* und *Vishnu* gibt, und so erschien Er vor ihm halb als *Vishnu* und halb als *Shiva*. In diesem Moment schwenkte Ghantakarna Weihrauch vor Ihm, aber seine Bigotterie war so groß, dass er, als er den Duft des Weihrauchs in das Nasenloch von *Vishnu* eindringen sah, seinen Finger hineinsteckte, um zu verhindern, dass dieser Gott den süßen Geruch genießen konnte.

* * *

Wir teilen uns in zwei Wesen, um Gott zu lieben – ich selbst liebe mein Selbst. Gott hat mich geschaffen, und ich habe Gott geschaffen. Wir erschaffen Gott nach unserem Ebenbild. Wir sind es, die Ihn zu unserem Herrn machen, nicht Gott, der uns zu seinen Dienern macht. Wenn wir wissen, dass wir eins mit Gott sind, dass wir und Er Freunde sind, dann kommen Gleichheit und Freiheit. Solange du dich nur um eine Haaresbreite von diesem Ewigen getrennt hältst, kann die Angst nicht schwinden.

Stell niemals die törichte Frage, was es der Welt nützen wird. Lass die Welt gehen. Liebe und verlange nichts. Liebe und suche nichts weiter. Liebe und vergiss alle „Ismen". Trinke den Kelch der Liebe und werde verrückt. Sage: „Dein, oh Dein für immer, Herr!", tauche ein und vergiss alles andere. Der Gedanke von Gott selbst ist Liebe. Wenn du eine Katze siehst, die ihre Kätzchen liebt, bleib stehen und bete. Gott hat sich dort manifestiert. Glaube dies buchstäblich. Wiederhole: „Ich bin Dein, ich bin Dein", denn wir können Gott überall sehen. Suche nicht nach Ihm, sieh ihn einfach.

„Möge der Herr dich immer lebendig halten, Licht der Welt, Seele des Universums!"

Das Absolute kann nicht angebetet werden. Also müssen wir eine Manifestation anbeten, eine, die unsere Natur hat. Jesus hatte unsere Natur. Er wurde zum Christus. Das können und müssen wir auch. Christus und Buddha waren die Namen eines Zustandes, den es zu erreichen gilt. Jesus und Gautama waren die Personen, die ihn manifestierten. Die „Mutter" ist die erste und höchste Manifestation, gleich nach den Christussen und Buddhas. Wir schaffen uns unsere eigene Umgebung, und wir streifen die Fesseln ab. Der *Atman* ist der Furchtlose. Wenn wir zu einem Gott im Außen beten, ist das gut, nur wissen wir nicht, was wir tun. Wenn wir das Selbst kennen, verstehen wir. Der höchste Ausdruck der Liebe ist die Vereinigung.

> „Es gab eine Zeit, da war ich eine Frau, und er war ein Mann.
> Doch die Liebe wuchs, bis es weder ihn noch mich gab.
> Ich erinnere mich nur schwach an eine Zeit, in der es zwei gab.
> Doch die Liebe kam dazwischen und machte sie eins."

(Persisches Sufi-Gedicht)

Wissen existiert ewig und existiert mit Gott. Der Mann, der ein spirituelles Gesetz entdeckt, ist inspiriert und bringt Offenbarung. Aber auch die Offenbarung ist ewig. Sie darf nicht in endgültige Formen gegossen und dann blindlings befolgt werden. Die Hindus sind so viele Jahre von ihren Eroberern kritisiert worden, dass sie es wagen, ihre Religion selbst zu kritisieren, und das macht sie frei. Ihre ausländischen Herrscher haben ihnen die Fesseln abgenommen, ohne es zu wissen. Die Hindus, das religiöseste Volk der Welt, haben eigentlich keinen Sinn für Blasphemie. Von heiligen Dingen in irgendeiner Weise zu sprechen, ist für sie an sich schon heilig. Sie haben auch keinen künstlichen Respekt vor Propheten, Büchern oder vor heuchlerischer Frömmigkeit.

Die Kirche versucht, Christus in sie einzupassen, nicht die Kirche in Christus. Deshalb wurden nur die Schriften bewahrt, die dem jeweiligen Zweck dienten. Auf die Schriften ist also kein Verlass, und die Verehrung der Schriften ist die schlimmste Art von Götzendienst, die uns die Füße binden kann. Alles muss sich der Schrift anpassen – Wissenschaft, Religion, Philosophie. Es ist die schrecklichste Tyrannei, diese Tyrannei der protestantischen Bibel. Jeder Mensch in den christlichen Ländern hat eine riesige

Kathedrale auf dem Kopf und darauf ein Buch, und doch lebt und wächst der Mensch! Ist das nicht der Beweis, dass der Mensch Gott ist?

Der Mensch ist das höchste Wesen, das es gibt, und dies ist die größte Welt. Wir können uns keinen höheren Gott vorstellen als den Menschen. Also ist unser Gott der Mensch, und der Mensch ist Gott. Wenn wir uns erheben, darüber hinausgehen und etwas Höheres finden, müssen wir gewissermaßen aus dem Verstand, dem Körper und der Vorstellung herausspringen und diese Welt verlassen. Wenn wir uns zum Absoluten erheben, sind wir nicht mehr in dieser Welt. Der Mensch ist die Spitze der einzigen Welt, die wir jemals kennen können. Alles, was wir von Tieren wissen, wissen wir nur durch den Vergleich. Wir beurteilen sie nach dem, was wir selbst tun und fühlen.

Die Summe des Wissens ist immer die gleiche, nur ist sie manchmal mehr und manchmal weniger manifestiert. Die einzige Quelle ist im Inneren, und nur dort ist sie zu finden.

* * *

Alle Poesie, Malerei und Musik ist Gefühl, ausgedrückt durch Worte, durch Farbe, durch Klang.

Selig sind die, deren Sünden schnell heimgesucht werden. Ihre Rechnung wird umso schneller beglichen! Wehe denen, deren Strafe aufgeschoben ist. Sie ist umso größer!

Von denjenigen, die die Gleichheit erreicht haben, sagt man, dass sie in Gott leben. Jeder Hass tötet das „große Selbst durch das kleine Selbst", deshalb ist die Liebe das Gesetz des Lebens. Sich dazu zu erheben, bedeutet, vollkommen zu sein. Aber je vollkommener wir sind, desto weniger (sogenannte) Werke können wir tun. Die *Sattvikas* sehen und wissen, dass alles nur ein Kinderspiel ist, und machen sich über nichts Gedanken.

Es ist leicht, einen Schlag zu führen, aber ungeheuer schwer, die Hand zurückzuhalten, stillzustehen und zu sagen: „Zu Dir, oh Herr, nehme ich meine Zuflucht", und dann zu warten, dass Er handelt.

Solange ihr nicht bereit seid, euch jede Minute zu ändern, könnt ihr die Wahrheit nicht sehen. Aber ihr müsst standhalten und immer auf der Suche nach der Wahrheit sein.

* * *

Samadhi ist, wenn das Göttliche und das Menschliche eins geworden sind oder Gleichheit hergestellt ist.

Der Materialismus sagt, die Stimme der Freiheit sei eine Täuschung. Der Idealismus sagt, die Stimme, die von Knechtschaft spricht, sei eine Täuschung. Der *Vedanta* sagt, dass du gleichzeitig frei und unfrei bist – niemals frei auf der irdischen Ebene, aber immer frei auf der spirituellen.

Sei jenseits von Freiheit und Knechtschaft.

Wir sind *Shiva*, wir sind unsterbliches Wissen jenseits der Sinne.

Die unendliche Kraft steht hinter jedem. Bete zur Mutter, und sie wird zu dir kommen.

„Oh Mutter, die du *Vak* (Beredsamkeit) gibst, Du Selbstseiende, komm als *Vak* auf meine Lippen!" (hinduistische Anrufung)

„Mutter, deren Stimme im Donner ist, geh Du in mich ein! *Kali*, Du ewige Zeit, Du unwiderstehliche Kraft, *Shakti*, Macht!"

(Heute wurde *Shankaracharyas* Kommentar zu *Vyasas Vedanta*-Sutras besprochen.)

Om Tat Sat! Nach *Shankara* gibt es zwei Phasen des Universums. Die eine ist das Ich und die andere das Du. Und sie sind so gegensätzlich wie Licht und Dunkelheit, so dass es selbstverständlich ist, dass keine von der anderen abgeleitet werden kann. Dem Subjekt ist das Objekt übergestülpt worden. Das Subjekt ist die einzige Realität, das andere eine bloße Erscheinung. Die gegenteilige Auffassung ist unhaltbar. Die Materie und die äußere Welt sind nur die Seele in einem bestimmten Zustand. In Wirklichkeit sind sie eins.

Unsere ganze Welt besteht aus Wahrheit und Unwahrheit, die miteinander verbunden sind. *Samsara* (Leben) ist das Ergebnis der widersprüchlichen

Kräfte, die auf uns wirken, wie die diagonale Bewegung einer Kugel in einem Parallelogramm von Kräften. Die Welt ist Gott und ist real, aber das ist nicht die Welt, die wir sehen, so wie wir Silber im Perlmutt sehen, wo es nicht ist. Das ist es, was als *Adhyasa* oder Überlagerung bekannt ist, d.h. eine relative Existenz, die von einer realen abhängt, wie wenn wir uns an eine Szene erinnern, die wir gesehen haben. Für einige Zeit existiert sie für uns, aber diese Existenz ist nicht real. Einige sagen, es ist so, wie wenn wir uns Wärme im Wasser vorstellen, die nicht zum Wasser gehört. Sie ist also in Wirklichkeit etwas, das dorthin gebracht wurde, wo es nicht hingehört, indem man „das Ding für das hält, was es nicht ist." Wir sehen die Wirklichkeit, aber verzerrt durch das Medium, durch das wir sie sehen.

Man kann sich selbst nie erkennen, es sei denn als objektiviert. Wenn wir eine Sache mit einer anderen verwechseln, nehmen wir immer die Sache vor uns als das Wirkliche, niemals das Unsichtbare. So verwechseln wir das Objekt mit dem Subjekt. Der *Atman* wird niemals zum Objekt. Der Geist ist der innere Sinn. Die äußeren Sinne sind seine Werkzeuge. Im Subjekt steckt ein wenig von der objektivierenden Kraft, die ihn befähigt, zu wissen: „Ich bin". Aber das Subjekt ist das Objekt seines eigenen Selbst, niemals das Objekt des Verstandes oder der Sinne. Man kann jedoch eine Vorstellung über eine andere legen, wie wenn man sagt: „Der Himmel ist blau", wobei der Himmel selbst nur eine Vorstellung ist. Es gibt Wissenschaft und Unwissenheit, aber das Selbst wird niemals von irgendeiner Unwissenheit beeinflusst. Relatives Wissen ist gut, weil es zu absolutem Wissen führt. Aber weder das Wissen der Sinne noch das des Verstandes oder gar der *Veden* ist wahr, da sie alle im Bereich des relativen Wissens liegen. Befreie dich zuerst von der Täuschung: „Ich bin der Körper". Erst dann können wir nach wirklichem Wissen verlangen. Das Wissen des Menschen ist nur eine höhere Stufe des Wissens der Tiere.

* * *

Ein Teil der *Veden* beschäftigt sich mit *Karma*, mit Formen und Zeremonien. Der andere Teil befasst sich mit dem Wissen von *Brahman* und erörtert die Religion. Die *Veden* in diesem Teil lehren das Selbst, und weil sie das tun, nähert sich ihr Wissen dem wahren Wissen. Das Wissen um das Absolute hängt weder von einer Schrift noch von irgendetwas ab. Es ist absolut in sich selbst. Kein noch so großes Studium wird dieses Wissen vermitteln.

Es ist keine Theorie, es ist Verwirklichung. Reinige den Spiegel vom Staub, läutere deinen eigenen Geist, und im Nu weißt du, dass du *Brahman* bist.

Gott existiert, weder Geburt noch Tod, weder Schmerz noch Elend, weder Mord noch Veränderung, weder Gut noch Böse. Alles ist *Brahman*. Wir halten das „Seil für die Schlange", wir irren uns. Wir können nur Gutes tun, wenn wir Gott lieben und Er unsere Liebe erwidert. Auch der Mörder ist Gott, und das „Gewand des Mörders" ist ihm nur übergestülpt. Nehmt ihn bei der Hand und sagt ihm die Wahrheit.

Die Seele hat keine Kaste, und zu glauben, dass sie eine hat, ist eine Täuschung, genauso wie Leben und Tod oder irgendeine Bewegung oder Eigenschaft. Der *Atman* ändert sich nie, geht und kommt nicht. Er ist der ewige Zeuge all seiner eigenen Manifestationen, aber wir halten ihn für die Manifestation, eine ewige Illusion, ohne Anfang und Ende, die immer weitergeht. Die *Veden* müssen sich jedoch auf unser Niveau herablassen, denn wenn sie uns die höchste Wahrheit auf die höchste Weise sagen würden, könnten wir sie nicht verstehen.

Der Himmel ist ein bloßer Aberglaube, der aus dem Verlangen entsteht, und das Verlangen ist immer ein Joch, eine Entartung. Nähere dich niemals etwas, außer als Gott. Denn wenn wir das tun, sehen wir das Böse, weil wir einen Schleier der Täuschung über das werfen, was wir betrachten, und dann sehen wir das Böse. Befreie dich von diesen Illusionen und sei gesegnet. Freiheit bedeutet, alle Illusionen zu verlieren.

In gewissem Sinne ist *Brahman* jedem Menschen bekannt. Er weiß: „Ich bin." Aber der Mensch kennt sich selbst nicht so, wie er ist. Wir alle wissen, dass wir sind, aber nicht, wie wir sind. Alle niedrigeren Erklärungen sind Teilwahrheiten. Doch die Blüte, die Essenz der *Veden*, ist, dass das Selbst in jedem von uns *Brahman* ist. Jedes Phänomen ist in Geburt, Wachstum und Tod – Erscheinen, Fortbestehen und Verschwinden – eingeschlossen. Unsere eigene Verwirklichung liegt jenseits der *Veden*, denn auch sie hängen davon ab. Der höchste *Vedanta* ist die Philosophie des Jenseits.

Zu sagen, dass die Schöpfung einen Anfang hat, bedeutet, die Axt an die Wurzel aller Philosophie zu legen.

Maya ist die Energie des Universums, ruhend (potentiell) und in Bewegung (kinetisch). Solange Mutter uns nicht befreit, können wir nicht frei werden.

Das Universum gehört uns, um es zu genießen. Aber wir wollen nichts. Zu wollen ist Schwäche. Wollen macht uns zu Bettlern, und wir sind Söhne des Königs, keine Bettler.

Sonntagmorgen, 7. Juli 1895

Die unendliche Manifestation, die sich aufteilt, bleibt immer noch unendlich, und jeder Teil ist unendlich.[1]

Brahman ist dasselbe in zwei Formen – veränderlich und unveränderlich, ausgedrückt und unausgedrückt. Wisse, dass der Wissende und das Gewusste eins sind. Die Dreifaltigkeit – der Wissende, das Gewusste und das Wissen – manifestiert sich als dieses Universum. Den Gott, den der Yogi in der Meditation sieht, sieht er durch die Kraft seines eigenen Selbst.

Was wir als Natur, als Schicksal bezeichnen, ist einfach der Wille Gottes.

Solange man nach Genuss strebt, bleibt die Knechtschaft bestehen. Nur Unvollkommenheit kann genießen, denn Genuss ist die Erfüllung des Verlangens. Die menschliche Seele erfreut sich an der Natur. Die der Natur, der Seele und Gott zugrundeliegende Wirklichkeit ist *Brahman*. Aber es (*Brahman*) ist unsichtbar, bis wir es zum Vorschein bringen. Es kann durch *Pramantha* oder Reibung hervorgebracht werden, so wie wir durch Reibung Feuer erzeugen können. Der Körper ist das untere Stück Holz, Om ist das spitze Stück und *Dhyana* (Meditation) ist die Reibung. Wenn dies genutzt wird, wird das Licht, das das Wissen von *Brahman* ist, in der Seele hervorbrechen. Suche es durch *Tapas*. Halte den Körper aufrecht und opfere die Sinnesorgane im Geist. Die Sinneszentren sind innen und ihre Organe außen. Treibe sie in den Geist und fixiere den Geist durch *Dharana* (Konzentration) in *Dhyana*. *Brahman* ist im Universum allgegenwärtig wie die Butter in der Milch, aber durch Reibung manifestiert es sich nur an einem Ort. Wie das Buttern die Butter in der Milch zum Vorschein bringt, so bringt *Dhyana* die Verwirklichung von *Brahman* in der Seele.

---

[1] Unendlichkeit ist eins ohne ein zweites, immer unteilbar und unmanifestiert. Mit „unendlicher Manifestation" meint der Swami das Universum, sowohl das sichtbar als auch das unsichtbare. Obwohl es aus zahllosen Formen besteht, die durch ihre eigene Natur begrenzt sind, ist es als Ganzes immer unendlich, ja sogar ein Teil davon ist unendlich, da jeder Teil untrennbar mit ihm verbunden ist.

Die gesamte Hindu-Philosophie erklärt, dass es einen sechsten Sinn gibt, das Überbewusstsein, und dass durch ihn die Inspiration kommt.

* * *

Das Universum ist Bewegung, und die Reibung wird schließlich alles zu einem Ende bringen. Dann stellt sich Ruhe ein, und danach beginnt alles von neuem.

Solange der „Hauthimmel" den Menschen umgibt, das heißt, solange er sich mit seinem Körper identifiziert, kann er Gott nicht schauen.

Sonntagnachmittag

In Indien gibt es sechs philosophische Schulen, die als orthodox gelten, weil sie an die *Veden* glauben.

Die Philosophie *Vyasas* ist die der *Upanishaden* schlechthin. Er schrieb in Sutra-Form, d. h. in kurzen algebraischen Symbolen ohne Nominativ und Verb. Dies verursachte so viel Zweideutigkeit, dass aus den Sutras Dualismus, Monodualismus und Monismus oder „betonter *Vedanta*" hervorgingen, und alle großen Kommentatoren dieser verschiedenen Schulen waren zuweilen „bewusste Lügner", weil sie die Texte ihrer Philosophie anpassten.

Die *Upanishaden* enthalten sehr wenig Geschichte über die Taten eines Menschen, aber fast alle anderen Schriften sind weitgehend persönliche Geschichten. Die *Veden* befassen sich fast ausschließlich mit der Philosophie. Religion ohne Philosophie wird zu Aberglauben, Philosophie ohne Religion wird zu trockenem Atheismus.

Vishishtadvaita ist qualifizierter *Advaita* (Monismus). Sein Begründer war *Ramanuja*. Er sagt: „Aus dem Ozean der Milch der *Veden* hat *Vyasa* seine Philosophie gebuttert, um der Menschheit zu helfen." Er sagt weiter: „Alle Tugenden und alle Eigenschaften gehören *Brahma*, dem Herrn des Universums. Er ist der größte *Purusha*. *Madhva* ist durch und durch ein Dualist oder Dvaitin. Er behauptet, dass sogar Frauen die *Veden* studieren könnten. Er zitiert vor allem aus den *Puranas*. Er sagt, dass *Brahman Vishnu* bedeutet und keineswegs *Shiva*, weil es keine Erlösung außer durch *Vishnu* gibt.

In *Madhvas* Erklärung ist kein Platz für Argumente. Alles ist der Offenbarung in den *Veden* entnommen.

Ramanuja sagt, die *Veden* seien das heiligste Studium. Die Söhne der drei oberen Kasten sollen das Sutra (gemeint ist hier die heilige Schnur) erhalten und im Alter von acht, zehn oder elf Jahren mit dem Studium beginnen, was bedeutet, zu einem Guru zu gehen und die *Veden* Wort für Wort zu lernen, mit perfekter Intonation und Aussprache.

Mit *Japa* ist das Wiederholen des heiligen Namens gemeint. Dadurch steigt der Verehrer zum Unendlichen auf. Dieses Boot aus Opfern und Zeremonien ist sehr zerbrechlich. Wir brauchen mehr als das, um *Brahman* zu erkennen, das allein Freiheit bedeutet. Freiheit ist nichts anderes als die Zerstörung der Unwissenheit, und die kann nur entstehen, wenn wir *Brahman* kennen. Es ist nicht notwendig, all diese Zeremonien zu durchlaufen, um die Bedeutung des *Vedanta* zu erfassen. Es reicht, Om zu wiederholen.

Unterschiede zu sehen ist die Ursache allen Elends, und Unwissenheit ist die Ursache, Unterschiede zu sehen. Deshalb sind Zeremonien nicht notwendig, denn sie verstärken die Vorstellung der Ungleichheit: Man praktiziert sie, um etwas loszuwerden oder etwas zu erlangen.

Brahman ist ohne Handlung. *Atman* ist *Brahman*, und wir sind *Atman*. Dieses Wissen beseitigt alle Irrtümer. Es muss gehört, intellektuell begriffen und schließlich verwirklicht werden. Nachdenken bedeutet, den Verstand anzuwenden und dieses Wissen durch den Verstand in uns zu verankern. Verwirklichen bedeutet, es durch ständiges Denken zu einem Teil unseres Lebens zu machen. Dieses ständige Denken oder *Dhyana* ist wie Öl, das in einem ununterbrochenen Strom von einem Gefäß ins andere fließt. *Dhyana* wälzt den Geist Tag und Nacht in diesem Gedanken und hilft uns so, die Befreiung zu erlangen. Denke immer „*Soham, Soham*". Das ist fast so gut wie Befreiung. Sage es Tag und Nacht. Die Verwirklichung wird als Ergebnis dieses ständigen Nachdenkens kommen. Dieses absolute und ständige Erinnern an den Herrn ist mit *Bhakti* gemeint.

Diese *Bhakti* wird indirekt durch alle guten Werke unterstützt. Gute Gedanken und gute Werke schaffen weniger Unterscheidungen als schlechte. So führen sie indirekt zur Freiheit. Arbeite, aber überlasse die Ergebnisse dem

Herrn. Nur Wissen kann uns vollkommen machen. Wer dem Gott der Wahrheit mit Hingabe folgt, dem offenbart sich der Gott der Wahrheit. Wir sind Lampen, und unser Brennen ist, was wir „Leben" nennen. Wenn die Sauerstoffzufuhr versiegt, dann muss die Lampe erlöschen. Alles, was wir tun können, ist, die Lampe rein zu halten. Das Leben ist ein Produkt, eine Verbindung, und als solche muss es sich in seine Elemente auflösen.

Dienstag, 9. Juli 1895

Der Mensch als *Atman* ist wirklich frei. Als Mensch ist er gebunden, und durch alle körperlichen Bedingungen dem Wechsel unterworfen. Als Mensch ist er eine Maschine mit einer Idee von Freiheit, aber dieser menschliche Körper ist der beste und der menschliche Geist der höchste Geist, den es gibt. Wenn ein Mensch den Zustand des *Atman* erreicht, kann er sich einen Körper nehmen und ihn so gestalten, dass er zu ihm passt. Er steht über dem Gesetz. Dies ist eine Behauptung und muss bewiesen werden. Jeder muss es für sich selbst beweisen. Wir können uns selbst zufriedenstellen, aber wir können keinen anderen zufriedenstellen. *Raja-Yoga* ist die einzige Wissenschaft der Religion, die bewiesen werden kann. Und nur was ich selbst durch Erfahrung bewiesen habe, lehre ich. Die volle Reife der Vernunft ist die Intuition, aber die Intuition kann sich nicht gegen die Vernunft stellen.

Arbeit reinigt das Herz und führt so zu *Vidya* (Weisheit). Die Buddhisten sagten, den Menschen und den Tieren Gutes zu tun sei das einzige Werk. Die Brahmanen meinten, dass Anbetung und alle Zeremonien gleichermaßen „Arbeit" seien und den Geist reinigten. *Shankara* erklärt, dass „alle Werke, ob gut oder schlecht, gegen das Wissen gerichtet sind". Handlungen, die zur Unwissenheit neigen, sind Sünden, nicht direkt, aber als Ursachen, weil sie dazu neigen, *Tamas* und *Rajas* zu vergrößern. Nur mit *Sattva* kommt Weisheit. Tugendhafte Handlungen nehmen den Schleier des Wissens weg, und nur Wissen kann uns Gott sehen lassen.

Wissen kann niemals erschaffen werden. Es kann nur entdeckt werden, und jeder Mensch, der eine große Entdeckung macht, ist inspiriert. Nur wenn er eine spirituelle Wahrheit bringt, nennen wir ihn einen Propheten. Wenn es auf der physischen Ebene geschieht, nennen wir ihn einen Wissenschaftler, und wir schreiben dem ersteren mehr Bedeutung zu, obwohl die Quelle aller Wahrheit eine ist.

Shankara sagt, dass *Brahman* die Essenz, die Realität allen Wissens ist, und dass alle Manifestationen als Wissende, Wissen und Gewusstes bloße Vorstellungen in *Brahman* sind. *Ramanuja* schreibt Gott Bewusstsein zu. Die wirklichen Monisten schreiben Ihm nichts zu, nicht einmal Existenz in irgendeiner Bedeutung, die wir ihr beimessen können. *Ramanuja* erklärt, dass Gott die Essenz des bewussten Wissens ist. Undifferenziertes Bewusstsein wird, wenn es sich differenziert, zur Welt.

Der Buddhismus, eine der philosophischsten Religionen der Welt, verbreitete sich in der gesamten Bevölkerung, im einfachen Volk Indiens. Was für eine wunderbare Kultur muss es unter den Ariern vor fünfundzwanzig Jahrhunderten gegeben haben, wenn sie fähig waren, solche Ideen zu begreifen!

Buddha war der einzige große indische Philosoph, der die Kaste nicht anerkannte, und kein einziger seiner Anhänger ist in Indien geblieben. Alle anderen Philosophen haben sich mehr oder weniger den sozialen Vorurteilen gebeugt. Ganz gleich, wie hoch sie sich aufschwangen, es blieb immer ein wenig Geier in ihnen. Wie mein Meister zu sagen pflegte: „Der Geier schwebt hoch oben am Himmel, aber sein Auge ist immer auf ein Stück Aas auf der Erde gerichtet."

* * *

Die alten Hindus waren wunderbare Gelehrte, wahre lebende Enzyklopädien. Sie sagten: „Wissen in Büchern und Geld in den Händen anderer Leute ist wie kein Wissen und kein Geld."

Shankara wurde von vielen als eine Inkarnation *Shivas* betrachtet.

Mittwoch, 10. Juli 1895

In Indien gibt es fünfundsechzig Millionen Moslems. Einige von ihnen sind Sufis.[1] Sufis identifizieren den Menschen mit Gott, und durch sie kam diese Idee nach Europa. Sie sagen: „Ich bin die Wahrheit". Aber sie haben sowohl eine esoterische als auch eine exoterische Lehre, obwohl Mohammed selbst sie nicht vertreten hat.

---

[1] Der Einfluss des Hinduismus auf den Islam in Indien führte zur Entstehung der als Sufis bekannten Sekte.

83

„Hashshashin"[1] ist zu unserem Wort „Assasin" (Mörder) geworden, weil eine alte Sekte des Islam Ungläubige als Teil ihres Glaubens tötete.

Im islamischen Gottesdienst muss ein Krug Wasser als Symbol für Gott, der das Universum erfüllt, vorhanden sein.

Die Hindus glauben, dass es zehn göttliche Inkarnationen geben wird. Neun sind schon gekommen, die zehnte steht noch aus.

* * *

Shankara greift manchmal zur Sophisterei, um zu beweisen, dass die Ideen in den Büchern seine Philosophie stützen. Buddha war mutiger und aufrichtiger als jeder andere Lehrer. Er sagte: „Glaube keiner Schrift. Alle *Veden* sind Humbug. Wenn sie mit mir übereinstimmen, ist das umso besser für die Schriften. Ich bin das größte Buch. Opfer und Gebete sind nutzlos." Buddha war der erste Mensch, der der Welt einen vollständigen Moralkodex gab. Er war gut um des Guten willen, er liebte um der Liebe willen.

Shankara sagt: „Über Gott muss nachgedacht werden, denn die *Veden* sagen das." Die Vernunft hilft bei der Inspiration. Bücher und gelebte Vernunft – oder individualisierte Wahrnehmung – sind beide Beweise für Gott. Die *Veden* sind seiner Meinung nach eine Art Inkarnation des universellen Wissens. Der Beweis für Gott ist, dass Er die *Veden* hervorgebracht hat, und der Beweis für die *Veden* ist, dass solch wunderbare Bücher nur aus *Brahman* entstanden sein konnten. Sie sind die Goldgrube allen Wissens, und sie sind aus Ihm hervorgegangen, so wie ein Mensch Luft ausatmet. Daher wissen wir, dass Er unendlich an Macht und Wissen ist. Er mag die Welt erschaffen haben oder nicht, das ist eine Kleinigkeit. Die *Veden* hervorgebracht zu haben, ist wichtiger! Die Welt weiß durch die *Veden* von Gott. Einen anderen Weg gibt es nicht.

---

[1] Der Name eines militärischen religiösen Ordens, der im 11. Jahrhundert in Syrien existierte und für die vielen geheimen Morde berüchtigt war, die seine Mitglieder im Gehorsam gegenüber dem Willen ihres Oberhauptes begingen. Die wörtliche Bedeutung des Wortes ist „Haschisch-Esser" und wurde auch dem Orden gegeben, weil die Mörder gewohnheitsmäßig diese spezielle Droge nahmen, um sich für ihre Aufgabe zu stärken.

Und dieser von *Shankara* vertretene Glaube, dass die *Veden* alles umfassen, ist so allgemeingültig, dass es sogar ein Hindu-Sprichwort gibt, das besagt, dass ein Mann, der seine Kuh verliert, in den *Veden* nach ihr sucht!

Shankara bekräftigt weiter, dass der Gehorsam gegenüber Zeremonien kein Wissen ist. Die Erkenntnis Gottes ist unabhängig von moralischen Pflichten, von Opfern oder Zeremonien oder von dem, was wir denken oder nicht denken, so wie ein Baumstumpf nicht davon betroffen ist, wenn ein Mensch ihn für ein Gespenst hält und ein anderer ihn so sieht, wie er ist.

Vedanta ist notwendig, weil weder Vernunft noch Bücher uns Gott zeigen können. Er kann nur durch überbewusste Wahrnehmung erkannt werden, und *Vedanta* lehrt, wie man das erreichen kann. Man muss über den persönlichen Gott (*Ishvara*) hinauskommen und das Absolute *Brahman* erreichen. Gott ist die Wahrnehmung eines jeden Wesens: Er ist alles, was wahrgenommen werden kann. Das, was „Ich" sagt, ist *Brahman*, aber obwohl wir Ihn Tag und Nacht wahrnehmen, wissen wir nicht, dass wir Ihn wahrnehmen. Sobald wir uns dieser Wahrheit bewusst werden, verschwindet alles Elend. Wir müssen also die Wahrheit erkennen. Erreiche die Einheit, dann wird es keine Dualität mehr geben. Aber Wissen kommt nicht durch Opfer, sondern durch Suchen, Verehrung und Erkennen des *Atman*.

Brahmavidya (die Erkenntnis *Brahmans*) ist das höchste Wissen, das Wissen um das *Brahman*. Das niedrigere Wissen ist die Wissenschaft. Dies ist die Lehre der *Mundakopanishad* oder der *Upanishad* für *Sannyasins*. Es gibt zwei Arten von Wissen – Haupt- und Nebenwissen. Das Unwesentliche ist der Teil der *Veden*, der sich mit Verehrung und Zeremoniell befasst, sowie alles weltliche Wissen. Das Wesentliche ist das, durch das wir das Absolute erreichen. Es (das Absolute) erschafft alles aus seiner eigenen Natur. Es gibt nichts, das verursacht wird, nichts außerhalb. Es ist alle Energie, es ist alles, was es gibt. Wer sich selbst, dem *Atman*, alles opfert, der allein kennt *Brahman*. Narren denken, dass das Höchste von außen angebetet wird. Narren denken, dass Werke uns Gott geben können. Nur diejenigen, die durch die *Sushumna* (den Pfad der Yogis) gehen, erreichen den *Atman*. Sie müssen zu einem Guru gehen, um zu lernen. Jeder Teil hat die gleiche Natur wie das Ganze. Alles entspringt dem *Atman*. Die Meditation ist der Pfeil. Die ganze Seele, die zu Gott geht, ist der Bogen, der den Pfeil zu seinem Ziel, dem *Atman*, schleudert. Als Endliche können wir niemals das Unendliche ausdrücken, aber wir sind das Unendliche. Da wir dies wissen, streiten wir mit niemandem.

Die göttliche Weisheit ist durch Hingabe, Meditation und Keuschheit zu erlangen. „Die Wahrheit allein triumphiert, nicht die Unwahrheit. Durch die Wahrheit allein wird der Weg zu *Brahman* gebahnt", wo allein Liebe und Wahrheit sind.

Der Einfluss des Hinduismus auf den Islam in Indien führte zur Entstehung der als Sufismus bekannten Sekte.

Donnerstag, 11. Juli 1895

Ohne Mutterliebe könnte keine Schöpfung fortbestehen. Nichts ist völlig physisch, noch ist es völlig metaphysisch. Das eine setzt das andere voraus, und sie erklären einander. Alle Theisten stimmen darin überein, dass es einen Hintergrund für dieses sichtbare Universum gibt. Sie sind sich jedoch in Bezug auf die Art oder den Charakter dieses Hintergrunds nicht einig. Materialisten sagen, dass es keinen Hintergrund gibt.

In allen Religionen ist der Zustand des Überbewusstseins identisch. Hindus, Christen, Moslems, Buddhisten und sogar diejenigen, die keiner Religion angehören, machen alle die gleiche Erfahrung, wenn sie den Körper transzendieren.

Die reinsten Christen der Welt wurden in Indien vom Apostel Thomas etwa fünfundzwanzig Jahre nach dem Tod Jesu gegründet. Das war zu einer Zeit, als die Angelsachsen noch Wilde waren, ihre Körper bemalten und in Höhlen lebten. Die Zahl der Christen in Indien belief sich einst auf etwa drei Millionen. Heute sind es etwa eine Million.

Das Christentum wird immer mit dem Schwert verbreitet. Wie sonderbar, dass die Jünger einer so sanften Seele so viel töten! Die drei missionarischen Religionen sind die buddhistische, die islamische und die christliche. Die drei älteren Religionen, der Hinduismus, das Judentum und der Zoroastrismus, haben nie versucht, Menschen zu bekehren. Die Buddhisten haben nie getötet, sondern drei Viertel der Welt auf einmal durch reine Sanftmut bekehrt.

Die Buddhisten waren die logischsten Agnostiker. Man kann wirklich nirgendwo zwischen Nihilismus und Absolutismus Halt machen. Die

Buddhisten waren intellektuelle Alleszerstörer, die ihre Theorie bis zu ihrem letzten logischen Punkt verfolgten. Die *Advaitins* arbeiteten ihre Theorie ebenfalls bis zum logischen Schluss aus und gelangten zum Absoluten – einer Einheitssubstanz, aus der sich alle Phänomene manifestieren. Sowohl Buddhisten als auch *Advaitins* haben gleichzeitig ein Gefühl von Identität und Nicht-Identität. Eines dieser Gefühle muss falsch und das andere wahr sein. Der Nihilist sieht die Wirklichkeit in der Nicht-Identität, der Realist sieht die Wirklichkeit in der Identität, und dies ist der Kampf, der die ganze Welt beschäftigt. Das ist das „Tauziehen".

Der Realist fragt: „Wie kommt der Nihilist auf eine Idee von Identität?" Wie kann das kreisende Licht als Kreis erscheinen? Ein Ruhepunkt allein erklärt die Bewegung. Der Nihilist kann niemals erklären, wie die Täuschung entsteht, dass es einen Hintergrund gibt. Ebenso wenig kann der Idealist erklären, wie das Eine zu den Vielen wird. Die einzige Erklärung muss von jenseits der Sinnesebene kommen. Wir müssen uns zum Überbewusstsein erheben, zu einem Zustand, der völlig jenseits der Sinneswahrnehmung liegt. Diese metaphysische Kraft ist das weitere Instrument, das nur der Idealist benutzen kann. Er kann das Absolute erfahren. Der Mensch Vivekananda kann sich in das Absolute auflösen und dann wieder zum Menschen zurückkehren. Für ihn ist dann das Problem gelöst und in zweiter Linie für andere, denn er kann anderen den Weg zeigen. So beginnt die Religion dort, wo die Philosophie endet. Das „Wohl der Welt" wird darin bestehen, dass das, was jetzt für uns überbewusst ist, in künftigen Zeitaltern für alle bewusst sein wird. Die Religion ist daher das höchste Werk, das die Welt hat. Und weil der Mensch dies unbewusst gespürt hat, hat er sich durch alle Zeitalter hindurch an die Idee der Religion geklammert.

Die Religion, die große Milchkuh, hat viele Tritte bekommen, aber das macht nichts. Sie gibt viel Milch. Der Milchmann kümmert sich nicht um die Tritte der Kuh, die viel Milch gibt. Die Religion ist das größte Kind, das je geboren wurde, der große „Mond der Verwirklichung". Nähren wir es und helfen wir ihm zu wachsen, und es wird ein Riese werden. König Begierde und König Wissen kämpften, und gerade als letzterer besiegt werden sollte, wurde er mit der Königin *Upanishad* versöhnt, und ihm wurde ein Kind geboren, die Verwirklichung, die ihm den Sieg sicherte. (Aus dem Prabodhachandrodaya, einem vedantischen Maskenspiel in Sanskrit.)

Die Liebe konzentriert mühelos die ganze Kraft des Willens, wie wenn sich ein Mann in eine Frau verliebt.

Der Weg der Hingabe ist natürlich und angenehm. Philosophie bedeutet, den Bergstrom zu seiner Kraft zurückzubringen. Es ist eine schnellere Methode, aber sehr schwer. Die Philosophie sagt: „Prüft alles." Die Hingabe sagt: „Gebt dem Strom nach, gebt euch ständig hin." Das ist ein längerer Weg, aber leichter und glücklicher.

„Dein bin ich für immer. Was immer ich auch tue, Du tust es von nun an. Es gibt kein Ich und Mein mehr."

„Da ich kein Geld habe, das ich geben könnte, keinen Verstand, um zu lernen, keine Zeit, um Yoga zu praktizieren, gebe ich Dir, oh Lieblicher, mich selbst. Dir gebe ich meinen Körper und meinen Geist."

Kein noch so großes Maß an Unwissenheit oder falschen Vorstellungen kann eine Barriere zwischen der Seele und Gott errichten. Selbst wenn es keinen Gott gibt, sollte man an der Liebe festhalten. Es ist besser, auf der Suche nach einem Gott zu sterben als wie ein Hund, der nur Aas sucht. Wähle das höchste Ideal, und gib dein Leben dafür hin. Da der Tod sicher ist, ist es das Höchste, das Leben für ein großes Ziel hinzugeben.

Die Liebe wird mühelos zur Philosophie gelangen. Nach dem Wissen kommt dann *Parabhakti* (höchste Hingabe).

Das Wissen ist kritisch und macht um alles einen großen Wirbel. Aber die Liebe sagt: „Gott wird mir sein wahres Wesen zeigen" und akzeptiert alles.

Rabbia (persisches Gedicht):

Rabbia lag krank auf ihrem Bett,
Sie wurde von zwei Heiligen besucht:
vom heiligen Malik und vom weisem Hassan,
Männer von Rang in den Augen der Moslems.

Hassan sagte: „Wessen Gebet rein ist,
wird Gottes Strafe ertragen."
Malik sprach aus tieferer Erfahrung:
„Derjenige, der den Ratschluss seines Herrn liebt,
wird sich über die Züchtigung freuen."

Rabbia bemerkte noch einen selbstsüchtigen Willen
in ihren Sprüchen und erwiderte:
„Oh, ihr Männer der Gnade!
Wer das Antlitz seines Meisters sieht,
wird in seinen Gebeten nicht daran denken,
dass er überhaupt gezüchtigt wird!"

Freitag, 12. Juli 1895

(*Shankaras* Kommentar)

Das viertes Sutra von Vyasa: „Der *Atman* (ist) das Ziel von allem."

Ishvara ist aus dem *Vedanta* bekannt. Alle Veden weisen auf Ihn hin (der die Ursache ist, der Schöpfer, Erhalter und Zerstörer). *Ishvara* ist die Vereinigung der Dreifaltigkeit, bekannt als *Brahma*, *Vishnu* und *Shiva*, die an der Spitze des hinduistischen Pantheons stehen. „Du bist unser Vater, der uns an das andere Ufer des dunklen Ozeans bringt." (Worte des Schülers an den Meister)

Die *Veden* können dir *Brahman* nicht zeigen. Du bist es bereits. Sie können nur helfen, den Schleier zu entfernen, der die Wahrheit vor unseren Augen verbirgt. Der erste Schleier, der verschwindet, ist die Unwissenheit. Wenn diese verschwindet, verschwindet auch die Sünde. Dann hört das Verlangen auf, die Selbstsucht endet, und alles Elend verschwindet. Die Unwissenheit kann nur enden, wenn ich weiß, dass Gott und ich eins sind. Mit anderen Worten, identifiziere dich mit *Atman*, nicht mit menschlichen Begrenzungen. Identifiziere dich nicht mit dem Körper, und aller Schmerz wird aufhören. Dies ist das Geheimnis der Heilung. Das Universum ist ein Fall von Hypnose. Enthypnotisiere dich und höre auf zu leiden.

Um frei zu sein, müssen wir durch das Laster zur Tugend gehen und uns dann von beiden befreien. *Tamas* muss von *Rajas* besiegt werden. Beide müssen in *Sattva* eintauchen. Dann gehe über die drei Qualitäten hinaus. Erreiche einen Zustand, in dem dein eigenes Atmen ein Gebet ist.

Wann immer du etwas aus den Worten eines anderen Menschen lernst (oder gewinnst), wisse, dass du diese Erfahrung in einer früheren Existenz gemacht hast, denn Erfahrung ist der einzige Lehrer.

Alle Macht führt Elend mit sich. Also töte das Verlangen. Jeder Wunsch ist, als würde man mit einem Stock in ein Hornissennest stechen. *Vairagya* findet heraus, dass Begierden nur vergoldete Giftpillen sind.

„Der Geist (mind) ist nicht Gott." (*Shankara*). „*Tat tvam asi*", „*Aham Brahmasmi*" („Das bist du", „Ich bin *Brahman*"). Wenn ein Mensch dies erkennt, „werden alle Knoten seines Herzens gelöst, alle seine Zweifel verschwinden". Furchtlosigkeit ist nicht möglich, solange wir Gott noch über uns haben. Wir müssen Gott sein. Was getrennt ist, wird für immer getrennt sein. Wenn du von Gott getrennt bist, kannst du niemals eins mit Ihm sein und umgekehrt. Wenn du durch die Tugend mit Gott verbunden bist, wird die Trennung kommen, wenn sie aufhört. Die Verbindung ist ewig, und die Tugend hilft nur, den Schleier zu entfernen. Wir sind *Azad* (frei). Wir müssen es nur erkennen. „Wen das Selbst wählt" bedeutet, dass wir das Selbst sind und uns selbst wählen.

Hängt das Sehen von unseren eigenen Anstrengungen ab, oder hängt es von etwas außerhalb ab? Es hängt von uns selbst ab. Unsere Bemühungen entfernen den Staub. Der Spiegel verändert sich nicht. Es gibt weder einen Wissenden noch ein Wissen, noch ein Gewusstes. „Wer weiß, dass er nicht weiß, weiß." Derjenige, der eine Theorie hat, weiß nichts.

Die Vorstellung, dass wir gebunden sind, ist nur eine Illusion.

Religion ist nicht von dieser Welt. Sie ist eine Läuterung des Herzens, und ihre Wirkung auf diese Welt ist zweitrangig. Freiheit ist untrennbar mit der Natur des *Atman* verbunden. Dieser ist immer rein, immer vollkommen, immer unwandelbar. Diesen *Atman* kann man niemals kennen. Wir können über den *Atman* nichts anderes sagen als „nicht dies, nicht das".

„*Brahman* ist das, was wir niemals durch irgendeine Kraft des Geistes oder der Vorstellung vertreiben können." (*Shankara*)

* * *

Das Universum ist Gedanke, und die *Veden* sind die Worte dieses Gedankens. Wir können dieses ganze Universum erschaffen und aufheben. Indem wir die Worte wiederholen, wird der unsichtbare Gedanke erweckt, und als Ergebnis wird eine sichtbare Wirkung erzeugt. Dies ist die Behauptung einer bestimmten Sekte der Anhänger des *Karma-Yoga*. Sie glauben, dass jeder von uns ein Schöpfer ist. Sprich die Worte aus, der entsprechende Gedanke wird auftauchen, und das Ergebnis wird sichtbar werden. „Der Gedanke ist die Kraft des Wortes, das Wort ist der Ausdruck des Gedankens", sagen die *Mimamsakas*, eine philosophische Sekte der Hindus.

Samstag, 13. Juli 1895

Alles, was wir wissen, ist eine Verbindung, und alle Sinneserkenntnis entsteht durch Analyse. Zu denken, der Verstand sei nicht zusammengesetzt, einfach oder unabhängig, ist Dualismus. Philosophie erlangt man nicht durch das Studium von Schriften. Je mehr Bücher man liest, desto verworrener wird der Verstand. Die Vorstellung unreflektierter Philosophen war, dass der Geist einfach sei, und das führte sie dazu, an den freien Willen zu glauben. Die Psychologie, die Analyse des Verstandes, zeigt, dass der Verstand eine Verbindung ist, und jede Verbindung muss durch eine äußere Kraft zusammengehalten werden. So ist der Wille durch die Kombination äußerer Kräfte gebunden. Der Mensch kann nicht einmal nach Essen verlangen, wenn er nicht hungrig ist. Der Wille ist dem Verlangen unterworfen. Aber wir sind frei. Das fühlt jeder.

Der Agnostiker sagt, diese Vorstellung sei eine Täuschung. Wie kann man dann die Welt beweisen? Ihr einziger Beweis ist, dass wir sie alle sehen und fühlen. Ebenso fühlen wir alle die Freiheit. Wenn der Konsens aller diese Welt bejaht, dann muss er auch als Bejahung der Freiheit akzeptiert werden. Aber die Freiheit ist nicht vom Willen, wie wir ihn kennen, abhängig. Der dem Menschen angeborene Glaube an die Freiheit ist die Grundlage aller Überlegungen. Die Freiheit ist der Wille, wie er war, bevor er gebunden wurde. Schon die Idee des freien Willens zeigt jeden Augenblick den Kampf des Menschen gegen die Unfreiheit. Das Freie kann nur eines sein, das Unbedingte, das Unendliche, das Unbegrenzte. Die Freiheit im Menschen ist jetzt eine Erinnerung, ein Versuch, zur Freiheit zu gelangen.

Alles im Universum kämpft darum, einen Kreis zu schließen, zu seiner Quelle zurückzukehren, zu seiner einzig wahren Quelle, dem *Atman*. Die Suche nach Glück ist ein Ringen um das Gleichgewicht, um die Wiederherstellung des Gleichgewichts. Die Moral ist der Kampf des gebundenen Willens, sich zu befreien, und sie ist der Beweis dafür, dass wir aus der Vollkommenheit gekommen sind.

Die Vorstellung der Pflicht ist die Mittagssonne des Elends, die die Seele versengt. „Oh König, trinke diesen einen Tropfen Nektar und sei glücklich." („Ich bin nicht der Handelnde", dies ist der Nektar.)

Lass dein Tun ohne Reaktion sein. Aktion ist angenehm. Alles Elend ist Reaktion. Das Kind hält seine Hand in die Flamme, und es macht ihm Spaß. Aber wenn der Körper reagiert, kommt der Schmerz der Verbrennung. Wenn wir diese Reaktion stoppen können, dann haben wir nichts zu befürchten. Kontrolliere das Gehirn, und lass es nicht melden, was es aufnimmt. Sei der Zeuge und reagiere nicht. Nur so kannst du glücklich sein. Die glücklichsten Momente, die wir kennen, sind die, in denen wir uns selbst völlig vergessen. Arbeite aus freiem Willen, nicht aus Pflicht. Wir haben keine Pflicht. Diese Welt ist nur ein Spielplatz, auf dem wir spielen. Unser Leben ist ein ewiger Feiertag.

Das ganze Geheimnis des Daseins besteht darin, keine Angst zu haben. Fürchte dich nie davor, was aus dir wird. Verlasse dich auf niemanden. Nur in dem Moment, in dem du jede Hilfe ablehnst, bist du frei. Der volle Schwamm kann nichts mehr aufnehmen.

* * *

Selbst das Kämpfen zur Selbstverteidigung ist falsch, obwohl es höher ist als das Kämpfen aus Aggression. Es gibt keine „gerechte" Empörung, denn die Empörung kommt daher, dass man die Gleichheit in allen Dingen nicht erkennt.

Sonntag, 14. Juli 1895

Philosophie bedeutet in Indien das, wodurch wir Gott sehen, das Grundprinzip der Religion. Daher könnte kein Hindu jemals nach einer Verbindung zwischen Religion und Philosophie fragen.

Die drei Stufen im Prozess der Philosophie sind: man konkretisiert, verallgemeinert und abstrahiert. Die höchste Abstraktion, in der alle Dinge übereinstimmen, ist das Eine. In der Religion haben wir zunächst Symbole und Formen, dann Mythologien und schließlich die Philosophie. Die ersten beiden sind vorläufig. Die Philosophie ist die Grundlage von allem, und die anderen sind nur Trittsteine im Kampf, um das Letzte zu erreichen.

In der westlichen Religion herrscht die Vorstellung vor, dass es ohne das Neue Testament und Christus keine Religion geben könnte. Ein ähnlicher Glaube besteht im Judentum in Bezug auf Moses und die Propheten, weil diese Religionen von der Mythologie abhängig sind. Die wahre Religion, die höchste, erhebt sich über die Mythologie. Sie kann sich niemals auf diese stützen. Die moderne Wissenschaft hat das Fundament der Religion wirklich stark gemacht. Dass das ganze Universum eins ist, ist wissenschaftlich beweisbar. Was die Metaphysiker „Sein" nennen, nennen die Physiker „Materie", aber es gibt keinen wirklichen Kampf zwischen den beiden, denn beide sind eins. Ein Atom ist zwar unsichtbar, undenkbar, aber in ihm steckt die ganze Kraft und Potenz des Universums. Das ist genau das, was der *Vedantin* über den *Atman* sagt. Alle Sekten sagen in Wirklichkeit dasselbe mit unterschiedlichen Worten.

Vedanta und moderne Wissenschaft gehen beide von einer sich selbst entfaltende Ursache aus. In ihr sind alle Ursachen enthalten. Nehmen wir zum Beispiel den Töpfer, der einen Topf formt. Der Töpfer ist die ursprüngliche Ursache, der Ton die materielle und die Drehscheibe die instrumentelle Ursache. Aber der *Atman* ist alle drei. Der *Atman* ist Ursache und Manifestation zugleich. Der *Vedantin* sagt, das Universum sei nicht real, sondern nur scheinbar. Die Natur ist Gott, gesehen durch das Nichtwissen. Die Pantheisten sagen, dass Gott zur Natur oder zu dieser Welt geworden ist. Die *Advaitins* behaupten, dass Gott als diese Welt erscheint, aber Er ist nicht diese Welt.

Wir können Erfahrung nur als einen mentalen Prozess erkennen, als eine Tatsache im Geist und als ein Zeichen im Gehirn. Wir können das Gehirn nicht zurück oder vorwärts schieben, aber den Verstand. Er kann sich über alle Zeiten erstrecken – Vergangenheit, Gegenwart und Zukunft. Und so bleiben Fakten im Verstand ewig erhalten. Alle Tatsachen sind bereits im Verstand verallgemeinert, der allgegenwärtig ist.[1]

---

[1] Da die gesamte Schöpfung, die in Raum, Zeit und Kausalität existiert, niemals jenseits des Verstandes oder der Erinnerung existieren kann, die sich als Denken, Fühlen und Wollen manifestieren, muss die Gesamtheit von Raum, Zeit und Kausalität in ihr sein. Folglich ist der Geist allgegenwärtig. Der individuelle Geist ist ein Teil des allgegenwärtigen oder universellen Geistes.

Kants große Errungenschaft war die Entdeckung, dass „Zeit, Raum und Kausalität Modi des Denkens sind", aber der *Vedanta* lehrte dies schon vor Jahrhunderten und nannte es „Maya". Schopenhauer stützt sich nur auf die Vernunft und rationalisiert die *Veden*. *Shankara* hielt die Orthodoxie der *Veden* aufrecht.

* * *

Das „Baumsein", die Idee des Baumes im Unterschied zur Erscheinung einzelner Bäume, ist eine Erkenntnis, und die höchste Erkenntnis ist Eins.

Der persönliche Gott ist die letzte Verallgemeinerung des Universums, nur verschwommen, nicht klar und philosophisch.

Die Einheit entwickelt sich aus sich selbst, aus ihr geht alles hervor.

Die Physik ist dazu da, Tatsachen herauszufinden. Die Metaphysik ist der Faden, um die Blumen zu einem Strauß zu binden. Jede Abstraktion ist metaphysisch. Selbst das Ausbringen von Dünger an die Wurzel eines Baumes beinhaltet einen Abstraktionsprozess.

Die Religion umfasst das Konkrete, das Allgemeinere und die letzte Einheit. Haltet euch nicht an Einzelheiten fest. Kommt zum Prinzip, zum Einen.

Die Teufel sind Maschinen der Dunkelheit, die Engel sind Maschinen des Lichts, aber beide sind Maschinen. Der Mensch allein ist lebendig. Zerstöre die Maschine, schaffe das Gleichgewicht[1] und dann kann der Mensch frei werden. Dies ist die einzige Welt, in der der Mensch seine Erlösung verwirklichen kann.

„Wen das Selbst erwählt …" ist wahr. Die Erwählung ist wahr, aber sie muss nach innen gerichtet sein. Als äußere und fatalistische Lehre ist sie schrecklich.

Da die gesamte Schöpfung, die in Raum, Zeit und Kausalität existiert, niemals jenseits des Verstandes oder des Gedächtnisses existieren kann, das sich als Denken, Fühlen und Wollen manifestiert, muss die Gesamtheit von Raum, Zeit und Kausalität in ihr sein. Folglich ist der Geist allgegenwärtig.

---

[1] Mache dir klar, dass die Beziehung zwischen dir und der Maschine wie zwischen einem Arbeiter und seinem Werkzeug ist. Identifiziere dich sich niemals mit ihr.

Der individuelle Geist ist ein Teil des allgegenwärtigen oder universellen Geistes.

Finde heraus, dass die Beziehung zwischen dir und der Maschine wie die zwischen einem Arbeiter und seinem Instrument ist. Identifiziere dich niemals mit ihr.

Montag, 15. Juli 1895

In Malabar sind die Frauen in allem führend. Überall findet man eine außergewöhnliche Reinlichkeit und ein lebhaftes Streben nach Bildung. Als ich in diesem Land war, traf ich viele Frauen, die gut Sanskrit sprachen, während im übrigen Indien nicht eine einzige Frau unter einer Million es sprechen kann. Herrschaft erhebt, und Knechtschaft erniedrigt. Malabar wurde nie erobert, weder von den Portugiesen noch von den Moslems.

Dienstag, 16. Juli 1895

(*Shankara*)

Die „unsichtbare Ursache" (oder die Masse der subtilen Eindrücke) führt uns zu Opfern und Anbetung, die wiederum sichtbare Ergebnisse hervorbringen. Aber um Befreiung zu erlangen, müssen wir zuerst hören, dann denken oder überlegen und dann über *Brahman* meditieren.

Das Ergebnis von Werken und das Ergebnis von Wissen sind zwei verschiedene Dinge. „Tun" und „Nicht tun" sind der Hintergrund aller Moral, aber in Wirklichkeit gehören sie nur dem Körper und dem Geist an. Glück und Unglück sind untrennbar mit den Sinnen verbunden, und der Körper ist notwendig, um sie zu erfahren. Je höher der Körper, desto höher der Standard der Tugend, sogar bis hinauf zu *Brahma*. Aber alle haben Körper. Solange es einen Körper gibt, muss es Freude und Schmerz geben. Erst wenn man den Körper losgeworden ist, kann man ihnen entkommen. Der *Atman* ist körperlos, sagt *Shankara*.

Kein Gesetz kann dich frei machen. Du bist frei. Nichts kann dir Freiheit geben, wenn du sie nicht schon hast. Der *Atman* ist selbstleuchtet. Ursache und Wirkung erreichen ihn nicht, und diese Körperlosigkeit ist Freiheit. Jenseits dessen, was war, ist oder sein wird, ist *Brahman*. Als Wirkung hätte die Freiheit keinen Wert. Sie wäre eine Verbindung und würde als solche die Samen der Knechtschaft enthalten. Sie ist der einzig wahre Faktor. Sie muss nicht erreicht werden, sondern ist das wahre Wesen der Seele.

Arbeit und Anbetung sind jedoch notwendig, um den Schleier wegzunehmen, die Knechtschaft und die Illusion aufzuheben. Sie geben uns nicht die Freiheit, aber ohne unsere eigene Anstrengung öffnen wir unsere Augen nicht und sehen nicht, was wir sind. *Shankara* sagt weiter, dass *Advaita Vedanta* die Krönung der *Veden* ist. Aber die niederen *Veden* sind auch notwendig, denn sie lehren Arbeit und Verehrung, und durch diese kommen viele zum Herrn. Andere brauchen nur *Advaita*. Arbeit und Verehrung führen zu demselben Ergebnis wie *Advaita*.

Bücher können Gott nicht lehren, aber sie können Unwissenheit zerstören. Ihre Wirkung ist negativ. An den Büchern festzuhalten und gleichzeitig den Weg zur Freiheit zu öffnen, ist die große Leistung *Shankaras*. Aber letzten Endes ist es eine Art Haarspalterei. Gib dem Menschen zuerst das Konkrete, dann erhebe ihn in langsamen Schritten zum Höchsten. Das ist das Bestreben der verschiedenen Religionen und erklärt ihre Existenz und warum jede für eine bestimmte Entwicklungsstufe geeignet ist. Die Bücher selbst sind ein Teil der Unwissenheit, die sie zu vertreiben helfen. Ihre Aufgabe ist es, die Unwissenheit zu vertreiben, die das Wissen verdeckt. „Die Wahrheit wird die Unwahrheit vertreiben." Ihr seid frei und könnt nicht gezwungen werden. Solange ihr ein Glaubensbekenntnis habt, habt ihr keinen Gott. „Wer weiß, dass er weiß, weiß nichts." Wer kann den Wissenden kennen? Es gibt zwei ewige Tatsachen, Gott und das Universum. Das erste ist unveränderlich, das zweite veränderlich. Die Welt existiert ewig. Wo dein Verstand das Ausmaß der Veränderung nicht fassen kann, nennst du sie ewig. Du siehst den Stein oder das Flachrelief darauf, aber nicht beides auf einmal. Und doch sind beide eins.

* * *

Kannst du dich auch nur für eine Sekunde zur Ruhe bringen? Alle Yogis sagen, man kann das.

Die größte Sünde ist es, sich für schwach zu halten. Niemand ist größer. Erkenne, dass du *Brahman* bist. Nichts hat mehr Macht, als du ihm gibst. Wir sind jenseits der Sonne, der Sterne, des Universums. Lehre die Göttlichkeit des Menschen. Leugne das Böse, erschaffe keines. Stehe auf und sage: Ich bin der Meister, der Meister von allem. Wir haben die Kette geschmiedet, und wir allein können sie zerbrechen.

Keine Handlung kann dir Freiheit geben. Nur Wissen kann dich frei machen. Wissen ist unwiderstehlich. Der Verstand kann es nicht annehmen oder zurückweisen. Wenn es kommt, muss der Verstand es annehmen. Es ist also kein Werk des Verstandes. Es offenbart sich ihm.

Arbeit oder Verehrung sollen dich zu deiner eigenen Natur zurückbringen. Es ist eine völlige Illusion, dass das Selbst der Körper ist. Selbst wenn wir hier im Körper leben, können wir also frei sein. Der Körper hat nichts mit dem Selbst gemein. Die Illusion besteht darin, das Wirkliche mit dem Unwirklichen zu verwechseln – nicht mit „gar nichts".

Mittwoch, 17. Juli 1895

Ramanuja unterteilt das Universum in *Chit*, *Achit* und *Ishvara* – Mensch, Natur und Gott, bewusst, unterbewusst und überbewusst. *Shankara* hingegen sagt, dass *Chit*, die Seele, dasselbe wie Gott ist. Gott ist Wahrheit, ist Wissen, ist Unendlichkeit. Das sind keine Eigenschaften. Jeder Gedanke an Gott ist eine Begrenzung, und alles, was von Ihm gesagt werden kann, ist „*Om Tat Sat*".

Shankara fragt weiter: Kann man die Existenz getrennt von allem anderen sehen? Wo ist die Unterscheidung zwischen zwei Objekten? Nicht in der Sinneswahrnehmung, denn sonst wäre alles eins in ihr. Wir müssen nacheinander wahrnehmen. Wenn wir erfahren, was ein Ding ist, erfahren wir auch, was es nicht ist. Die Unterschiede befinden sich im Gedächtnis und werden durch den Vergleich mit dem, was dort gespeichert ist, gewonnen. Der Unterschied liegt nicht in der Natur eines Dings, er liegt im Gehirn. Das Homogene ist außen, die Unterscheidungsmerkmale sind innen (im Geist). Die Vorstellung von „vielen" ist also eine Schöpfung des Geistes.

Unterscheidungen werden zu Eigenschaften, wenn sie getrennt, aber in einem Objekt vereint sind. Wir können nicht positiv sagen, was Differenzierung ist. Alles, was wir an den Dingen sehen und fühlen, ist reine und einfache Existenz, „Sein". Alles andere ist in uns. Das Sein ist der einzige positive Beweis, den wir für irgendetwas haben. Alle Differenzierung ist in Wirklichkeit „sekundäre Realität", wie die Schlange, die man im Seil sieht, denn auch die Schlange hat eine gewisse Realität, indem etwas gesehen

97

wird, obwohl es falsch verstanden wird. Wenn das Wissen um das Seil negativ wird, wird das Wissen um die Schlange positiv und umgekehrt. Aber die Tatsache, dass man nur das eine sieht, beweist nicht, dass das andere nicht existiert. Die Vorstellung von der Welt ist ein Hindernis, das die Vorstellung von Gott verdeckt und entfernt werden muss, aber sie hat eine Existenz.

Shankara sagt erneut, dass die Wahrnehmung der letzte Beweis für die Existenz ist. Sie ist selbstleuchtend und ihrer selbst bewusst, denn um über die Sinne hinauszugehen, brauchen wir noch die Wahrnehmung. Die Wahrnehmung ist unabhängig von den Sinnen, von allen Instrumenten, unkonditioniert. Es kann keine Wahrnehmung ohne Bewusstsein geben. Die Wahrnehmung ist selbstleuchtend, das in einem niederen Stadium Bewusstsein genannt wird. Kein einziger Akt der Wahrnehmung kann unbewusst sein. Vielmehr ist das Bewusstsein das Wesen der Wahrnehmung. Existenz und Wahrnehmung sind eine Sache, nicht zwei Dinge, die miteinander verbunden sind. Das, was keiner Ursache bedarf, ist unendlich. Da die Wahrnehmung der letzte Beweis ihrer selbst ist, ist sie ewig. Sie ist immer subjektiv. Die Wahrnehmung ist ihr eigener Wahrnehmer. Die Wahrnehmung ist nicht im Geist (mind), sondern die Wahrnehmung bringt den Geist hervor. Sie ist absolut, der einzige Wissende, also ist die Wahrnehmung wirklich der *Atman*. Die Wahrnehmung selbst nimmt wahr, aber der *Atman* kann kein Erkennender sein, weil ein „Erkennender" durch den Akt der Erkenntnis zu einem solchen wird. Aber, so sagt *Shankara*, „Dieser *Atman* ist nicht ich", weil das Bewusstsein „Ich bin" (*Aham*) im *Atman* nicht existiert. Wir sind nur die Widerspiegelung dieses *Atman*. Und *Atman* und *Brahman* sind eins.

Wenn du über das Absolute sprichst und denkst, musst du es im Relativen tun. Daher gelten all diese logischen Argumente. Im Yoga sind Wahrnehmung und Verwirklichung eins. Das *Vishishtadvaita*, dessen Vertreter *Ramanuja* ist, sieht eine teilweise Einheit und geht ein Schritt in Richtung *Advaita*. *Vishishta* bedeutet Unterscheidung. *Prakriti* ist die Natur der Welt, und sie unterliegt dem Wandel. Veränderliche Gedanken, ausgedrückt in veränderlichen Worten, können niemals das Absolute beweisen. Man erreicht nur etwas, das bestimmter Eigenschaften entbehrt, nicht *Brahman* selbst, nur eine verbale Vereinigung, die höchste Abstraktion, aber nicht die Nichtexistenz des Relativen.

(Die heutige Lektion handelte hauptsächlich von *Shankaras* Argument gegen die Schlussfolgerung der *Sankhya*-Philosophie.)

Die *Sankhyas* sagen, das Bewusstsein sei eine Verbindung, und darüber hinaus führe die letzte Analyse zum *Purusha*, dem Zeugen. Aber es gäbe viele *Purushas* – jeder von uns sei einer. Der *Advaita* hingegen behauptet, dass der *Purusha* nur einer sein kann, dass der *Purusha* weder bewusst noch unbewusst sein oder irgendeine Eigenschaft haben kann, denn entweder würden diese Eigenschaften binden, oder sie würden schließlich aufhören. Also muss das Eine ohne irgendwelche Eigenschaften sein, sogar ohne Wissen, und es kann nicht die Ursache des Universums oder von irgendetwas sein. „Am Anfang war nur die Existenz, Eines ohne ein Zweites", sagen die *Veden*.

$$* * *$$

Das Vorhandensein von *Sattva* in Verbindung mit Wissen beweist nicht, dass *Sattva* die Ursache von Wissen ist. Im Gegenteil, *Sattva* ruft das hervor, was bereits im Menschen vorhanden ist, so wie das Feuer eine Eisenkugel, die in seine Nähe gelegt wird, erhitzt, indem es die in ihr verborgene Hitze erweckt, nicht indem es in die Kugel eindringt.

Shankara sagt, dass Wissen keine Fessel sei, weil es das Wesen Gottes ist. Die Welt ist immer da, ob manifestiert oder unmanifestiert. Also existiert ein ewiges Objekt.

Jnana-Bala-Kriya (Wissen, Kraft, Aktivität) ist Gott. Er braucht keine Form. Nur das Endliche braucht eine Form, um einen Widerstand einzufügen, der das unendliche Wissen einfängt und festhält. Gott aber braucht wirklich keine solche Hilfe. Es gibt keine „sich bewegende Seele", es gibt nur einen *Atman*. *Jiva* (die individuelle Seele) ist der bewusste Herrscher dieses Körpers, in dem sich die fünf Lebensprinzipien vereinen, und doch ist genau dieser *Jiva* der *Atman*, denn alles ist *Atman*. Was du darüber denkst, ist deine Täuschung und liegt nicht im *Jiva*. Du bist Gott, und alles andere, was du denkst, ist falsch. Du musst das Selbst in *Krishna* verehren, nicht *Krishna* als *Krishna*. Nur durch die Verehrung des Selbst kann die Freiheit gewonnen werden. Selbst der persönliche Gott ist nur das objektivierte Selbst. „Intensive Suche nach meiner eigenen Wirklichkeit ist *Bhakti*", sagt *Shankara*.

Alle Mittel, die wir ergreifen, um Gott zu erreichen, sind wahr. Nur ist es so, als ob wir versuchen würden, den Polarstern zu finden, indem wir ihn durch die Sterne in seiner Umgebung ausfindig machen.

* * *

Die Bhagavad-Gita ist die beste Autorität für den *Vedanta*.

Freitag, 19. Juli 1895

Solange ich „du" sage, habe ich das Recht, von Gott zu sprechen, der uns beschützt. Wenn ich einen anderen sehe, muss ich alle Konsequenzen ziehen und das Dritte, das Ideal, das zwischen uns steht, einfügen. Das ist die Spitze des Dreiecks. Der Dampf wird zu Schnee, dann zu Wasser, dann zum Ganges. Aber wenn es Dampf ist, gibt es keinen Ganges, und wenn es Wasser ist, denken wir an keinen Dampf darin. Die Vorstellung von Schöpfung oder Veränderung ist untrennbar mit dem Willen verbunden. Solange wir diese Welt in Bewegung wahrnehmen, müssen wir einen Willen dahinter vermuten. Die Physik beweist die völlige Täuschung der Sinne. Nichts ist wirklich so, wie wir es sehen, hören, fühlen, riechen, schmecken. Bestimmte Schwingungen, die bestimmte Ergebnisse hervorbringen, wirken auf unsere Sinne. Wir kennen nur eine relative Wahrheit.

Das Sanskrit-Wort für Wahrheit ist *Sat* (Sein). Von unserem gegenwärtigen Standpunkt aus erscheint uns diese Welt als Wille und Bewusstsein. Der persönliche Gott ist für sich selbst genauso eine Entität wie wir für uns, und nicht mehr. Gott kann auch als eine Form gesehen werden, so wie wir gesehen werden. Als Menschen müssen wir einen Gott haben. Als Gott brauchen wir keinen. Deshalb sah Sri Ramakrishna die Göttliche Mutter ständig gegenwärtig, realer als alles andere um ihn herum. Aber im *Samadhi* verschwand alles außer dem Selbst. Der persönliche Gott kommt näher und näher, bis er sich auflöst, und es gibt keinen persönlichen Gott und kein „Ich" mehr. Alles ist im Selbst verschmolzen.

Das Bewusstsein ist eine Fessel. Das übliche Argument behauptet, dass die Intelligenz der Form vorausgeht. Aber wenn die Intelligenz die Ursache von irgendetwas ist, dann ist sie ihrerseits eine Wirkung. Sie ist *Maya*. Gott erschafft uns, und wir erschaffen Gott. Das ist *Maya*. Der Kreis ist ungebrochen. Der Geist erschafft den Körper, und der Körper erschafft den Geist. Das Ei bringt das Huhn hervor, das Huhn das Ei, der Baum den Samen, der Same den Baum. Die Welt ist weder völlig differenziert noch völlig einheitlich. Der Mensch ist frei und muss sich über beide Vorstellungen erheben. Beide haben ihre Berechtigung. Aber um die Wahrheit, das „Sein" zu erreichen, müssen wir alles, was wir jetzt über Existenz, Wille, Bewusstsein, Tun, Bewegung, Erkenntnis wissen, transzendieren. Es gibt keine wirkliche Individualität des *Jiva* (der getrennten Seele). Schließlich wird sie, weil sie zusammengesetzt ist, zerfallen. Nur das, was sich einer weiteren Analyse entzieht, ist „einfach", und das allein ist Wahrheit, Freiheit, Unsterblichkeit, Glückseligkeit.

Alle Kämpfe um die Erhaltung dieser illusorischen Individualität sind in Wirklichkeit Laster. Alle Kämpfe, diese Individualität zu verlieren, sind Tugenden. Alles im Universum versucht, diese Individualität abzubauen, entweder bewusst oder unbewusst. Alle Moral beruht auf der Zerstörung der Getrenntheit oder der falschen Individualität, denn sie ist die Ursache aller Sünde. Die Moral existiert zuerst. Später wird sie von der Religion kodifiziert. Die Bräuche kommen zuerst, und dann folgt die Mythologie, um sie zu erklären. Während die Dinge geschehen, entstehen sie durch ein höheres Gesetz als die Vernunft, die erst später bei dem Versuch, sie zu verstehen, auftaucht. Die Vernunft ist nicht die treibende Kraft, sie ist das „Wiederkäuen" danach. Die Vernunft ist der Geschichtsschreiber der menschlichen Taten.

* * *

Buddha war ein großer *Vedantin* (denn der Buddhismus war eigentlich nur ein Ableger des *Vedanta*), und *Shankara* wird oft als „versteckter Buddhist" bezeichnet. Buddha machte die Analyse, *Shankara* machte die Synthese daraus. Buddha verbeugte sich nie vor irgendetwas – weder vor den *Veden* noch vor der Kaste, noch vor Priestern, noch vor Bräuchen. Er argumentierte furchtlos so weit, wie die Vernunft ihn führen konnte. Eine solch furchtlose Suche nach der Wahrheit und eine solche Liebe zu jedem Lebewesen hat die Welt noch nie gesehen. Buddha war der Washington der religiösen Welt. Er eroberte einen Thron, nur um ihn der Welt zu schenken, so wie Washington es für das amerikanische Volk tat. Er suchte nichts für sich selbst.

Die Wahrnehmung ist unser einziges wirkliches Wissen oder unsere Religion. Wenn wir ewig darüber reden, werden wir niemals unsere Seele erkennen. Es gibt keinen Unterschied zwischen Theorien und Atheismus. In der Tat ist der Atheist der wahrhaftigere Mensch. Jeder Schritt, den ich im Licht mache, gehört für immer mir. Wenn du in ein Land gehst und es siehst, dann ist es dein. Jeder von uns muss es selbst sehen. Lehrer können nur „das Essen bringen". Wir müssen es essen, um genährt zu werden. Argumente können Gott niemals beweisen, außer als logische Schlussfolgerung.

Es ist unmöglich, Gott außerhalb von uns selbst zu finden. Unsere eigene Seele steuert all die Göttlichkeit bei, die außerhalb von uns ist. Wir sind der größte Tempel. Die Objektivierung ist nur eine schwache Nachahmung dessen, was wir in uns selbst sehen.

Die Konzentration der Kräfte des Geistes ist unser einziges Instrument, das uns hilft, Gott zu sehen. Wenn du eine Seele kennst (deine eigene), kennst du alle Seelen, vergangene, gegenwärtige und künftige. Der Wille konzentriert den Verstand. Bestimmte Dinge erregen und kontrollieren diesen Willen, wie die Vernunft, die Liebe, die Hingabe, der Atem. Der konzentrierte Geist ist eine Lampe, die uns jeden Winkel der Seele zeigt.

Es gibt keine Methode, die für alle geeignet ist. Diese verschiedenen Methoden sind keine Schritte, die nacheinander unternommen werden müssen. Zeremonien sind die niedrigste Form. Als nächstes kommt der äußere Gott, und danach der innere Gott. In einigen Fällen mag eine Abstufung notwendig sein, aber in vielen Fällen ist nur ein Weg erforderlich. Es wäre der Gipfel der Torheit, zu jedem zu sagen: „Ihr müsst durch *Karma* und *Bhakti* gehen, bevor ihr *Jnana* erreichen könnt."

Halte dich an deine Vernunft, bis du etwas Höheres erreichst, und du wirst wissen, dass es höher ist, weil es nicht mit der Vernunft kollidiert. Die Stufe jenseits des Bewusstseins ist die Inspiration (*Samadhi*). Aber verwechsle niemals hysterische Trance mit der wirklichen Sache. Es ist schrecklich, diese Inspiration fälschlicherweise zu beanspruchen, den Instinkt mit der Inspiration zu verwechseln. Es gibt keinen äußeren Test für die Inspiration. Wir wissen es selbst. Unser Wächter gegen Irrtum ist negativ – die Stimme der Vernunft. Alle Religion geht über die Vernunft hinaus, aber die Vernunft ist der einzige Wegweiser, um dorthin zu gelangen. Der Instinkt ist wie Eis, die Vernunft ist das Wasser, und die Inspiration ist die subtilste Form oder der Dampf. Eines folgt dem anderen. Überall ist diese ewige Abfolge – Unbewusstheit, Bewusstsein, Intelligenz – Materie, Körper, Geist – und uns scheint es, als ob die Kette mit dem besonderen Glied begann, das wir zuerst ergriffen haben. Die Argumente auf beiden Seiten sind gleichwertig, und beide sind wahr. Wir müssen über beide hinausgehen, dorthin, wo es weder das eine noch das andere gibt. Diese Abfolgen sind alle *Maya*.

Religion steht über der Vernunft, ist übernatürlich. Der Glaube ist kein Glaube. Er ist das Erfassen des Letzten, eine Erleuchtung. Höre zuerst, dann denke nach und finde alles heraus, was die Vernunft über den *Atman* sagen kann. Lass die Flut der Vernunft über ihn fließen, dann nimm, was übrig bleibt. Wenn nichts übrig bleibt, dann danke Gott, dass du einem Aberglauben entkommen bist. Wenn du festgestellt hast, dass nichts den *Atman* wegnehmen kann, dass er jeder Prüfung standhält, dann halte daran fest und lehre es allen.

Die Wahrheit kann nicht parteiisch sein. Sie dient dem Wohl aller. Schließlich meditiere in vollkommener Ruhe und Frieden über den *Atman*, konzentriere deinen Geist auf ihn, werde eins mit ihm. Dann sind Worte überflüssig, und Stille wird die Wahrheit bringen. Verschwende deine Energie nicht mit Reden, sondern meditiere in Stille, und lass dich von der Hektik der Außenwelt nicht stören. Wenn dein Geist im höchsten Zustand ist, bist du dir dessen nicht bewusst. Sammle Kraft in der Stille und werde ein Dynamo der Spiritualität. Was kann ein Bettler geben? Nur ein König kann geben, und auch nur, wenn er für sich selbst nichts will.

Betrachte dein Geld nur als etwas, das du für Gott verwaltest. Hab kein Verlangen danach. Lass Namen, Ruhm und Geld los. Sie sind eine schreckliche Fessel. Spüre die wunderbare Atmosphäre der Freiheit. Du bist frei, frei, frei! Oh, gesegnet bin ich! Die Freiheit bin ich! Ich bin das Unendliche! In meiner Seele kann ich keinen Anfang und kein Ende finden. Alles ist mein Selbst. Sage dies unaufhörlich.

Sonntag, 21. Juli 1895

(*Patanjalis* Yoga Aphorismen)

Yoga ist die Wissenschaft davon, den *Chitta* (Geist, mind) daran zu hindern, sich in *Vrittis* (Veränderungen) zu verlieren. Der Geist ist eine Mischung aus Empfindungen und Gefühlen oder Aktion und Reaktion. Daher kann er nicht dauerhaft sein. Der Geist hat einen feinen Körper und wirkt durch diesen auf den groben Körper. Der *Vedanta* sagt, dass hinter dem Verstand das wahre Selbst steht. Er akzeptiert die beiden anderen, stellt aber ein drittes dar, das Ewige, das Ultimative, die letzte Analyse, die Einheit, in der es keine weitere Verbindung gibt. Die Geburt ist eine neue Zusammensetzung, der Tod ist die Auflösung des Zusammengesetzten, und die abschließende Analyse ist, wenn der *Atman* gefunden ist. Da keine weitere Teilung möglich ist, ist das Unvergängliche erreicht.

In jeder Welle ist das ganze Meer gegenwärtig, und alle Manifestationen sind Wellen, manche sehr groß, manche klein. Doch alle sind in ihrem Wesen das Meer, das ganze Meer. Aber als Wellen ist jede ein Teil von ihm. Wenn die Wellen zur Ruhe kommen, dann ist alles eins, „ein Zuschauer ohne Schauspiel", sagt *Patanjali*. Wenn der Geist aktiv ist, ist der *Atman* mit ihm vermischt. Die Wiederholung alter Formen in schneller Folge ist Erinnerung.

Sei ungebunden. Wissen ist Macht, und wenn man das eine bekommt, bekommt man auch das andere. Durch Wissen kannst du sogar die materielle Welt verbannen. Wenn du geistig eine Eigenschaft nach der anderen von einem beliebigen Objekt loswerden kannst, bis alle verschwunden sind, kannst du nach Belieben auch das Objekt selbst aus deinem Bewusstsein verschwinden lassen.

Diejenigen, die bereit sind, machen sehr schnell Fortschritte und können in sechs Monaten Yogis werden. Diejenigen, die weniger entwickelt sind, brauchen vielleicht mehrere Jahre. Und jeder, der treu arbeitet, alles andere aufgibt und sich ausschließlich der Praxis widmet, kann das Ziel in zwölf Jahren erreichen. *Bhakti* wird dich ohne diese geistige Gymnastik dorthin bringen, aber es ist ein langsamerer Weg.

Ishvara ist der *Atman*, wie er vom Geist gesehen oder erfasst wird. Sein höchster Name ist Om. Wiederhole ihn also, meditiere darüber und denke an seine wunderbare Natur und Eigenschaften. Das ständige Wiederholen des Om ist die einzig wahre Verehrung. Es ist nicht ein Wort, es ist Gott selbst.

Religion gibt nichts Neues. Sie beseitigt nur Hindernisse und lässt dich dein Selbst sehen. Krankheit ist das erste große Hindernis. Ein gesunder Körper ist das beste Instrument. Melancholie ist ein fast unüberwindliches Hindernis. Wenn du einmal *Brahman* erkannt hast, kannst du nie mehr melancholisch sein. Zweifel, mangelndes Durchhaltevermögen, falsche Vorstellungen sind weitere Hindernisse.

* * *

Pranas sind subtile Energien, Quellen der Bewegung. Es gibt insgesamt zehn, fünf nach innen und fünf nach außen. Eine große Strömung fließt nach oben, die andere nach unten. *Pranayama* steuert die *Pranas* durch den Atem. Der Atem ist der Treibstoff, *Prana* ist der Dampf, und der Körper ist der Motor. *Pranayama* besteht aus drei Teilen: *Puraka* (Einatmen), *Kumbhaka* (Anhalten des Atems), *Rechaka* (Ausatmen).

Der Guru ist der Kanal, durch den der spirituelle Einfluss zu euch gebracht wird. Jeder kann lehren, aber der Geist muss vom Guru an den *Shishya* (Schüler) weitergegeben werden, und das wird Früchte tragen. Die Beziehung zwischen den *Shishyas* ist Brüderlichkeit, und das ist in Indien sogar gesetzlich anerkannt. Der Guru gibt die Gedankenkraft, das Mantra, weiter, die er von seinen Vorgängern erhalten hat, und nichts kann ohne einen Guru getan werden. Das birgt große Gefahren in sich. Ohne einen Guru führen diese Yogapraktiken in der Regel zur Lust. Mit einem Guru geschieht dies jedoch nur selten. Jeder *Ishta* hat ein Mantra. Der *Ishta* ist das Ideal, das dem jeweiligen Verehrer eigen ist. Das Mantra ist das äußere Wort, um es auszudrücken. Die ständige Wiederholung des Wortes hilft, das Ideal fest im Geist zu verankern. Diese Methode der Verehrung ist unter religiösen Anhängern in ganz Indien verbreitet.

Dienstag, 23. Juli 1895

(Bhagavad-Gita, *Karma-Yoga*)

Um die Befreiung durch Arbeit zu erlangen, vereine dich mit der Arbeit, aber ohne Verlangen, ohne nach einem Ergebnis zu suchen. Solche Arbeit führt zu Wissen, das wiederum Befreiung bringt. Wenn du die Arbeit aufgibst, bevor du es weißt, führt das zu Elend. Arbeit, die für das Selbst getan wird, bindet nicht. Weder will man durch Arbeit Vergnügen, noch fürchtet man Schmerz. Es sind der Geist und der Körper, die arbeiten, nicht ich. Sage dir das unaufhörlich und verwirkliche es. Versuche nicht zu wissen, dass du arbeitest.

Tue alles als ein Opfer oder eine Gabe für den Herrn. Sei in der Welt, aber nicht von ihr, wie das Lotosblatt, dessen Wurzeln im Schlamm stecken, das aber immer rein bleibt. Lass deine Liebe zu allen gehen, was auch immer sie dir antun. Ein Blinder kann keine Farbe sehen. Wie können wir also das Böse sehen, wenn es nicht in uns ist? Wir vergleichen das, was wir draußen sehen, mit dem, was wir in uns selbst vorfinden, und fällen dementsprechend unser Urteil. Wenn wir rein sind, können wir Unreinheit nicht sehen. Sie mag existieren, aber nicht für uns. Seht nur Gott in jedem Mann, jeder Frau und jedem Kind. Seht es durch das *Antarjyotis*, das „innere Licht", und wenn wir das sehen, können wir nichts anderes sehen. Begehre nicht diese Welt, denn was du begehrst, bekommst du. Sucht den Herrn und nur den Herrn. Je mehr Macht wir haben, desto mehr Knechtschaft, desto mehr Angst. Wie viel ängstlicher und unglücklicher sind wir als die Ameise! Überwindet alles und kommt zum Herrn. Sucht den Schöpfer und nicht das Geschaffene zu erkennen.

„Ich bin der Täter und die Tat." „Derjenige, der die Flut der Lust und des Zorns aufhalten kann, ist ein großer Yogi."

„Nur durch Übung und Nichtanhaftung können wir den Geist bezwingen."

Unsere hinduistischen Vorfahren haben sich hingesetzt und über Gott und Moral nachgedacht, und so haben auch wir einen Verstand, den wir für dieselben Zwecke nutzen können. Aber in der Eile, in der wir versuchen, Gewinn zu erzielen, werden wir ihn wahrscheinlich wieder verlieren.

* * *

Der Körper hat eine gewisse Kraft in sich, sich selbst zu heilen, und viele Dinge können diese heilende Kraft auslösen, wie z.B. geistige Zustände, Medizin, Bewegung usw. Solange wir durch körperliche Zustände gestört sind, brauchen wir die Hilfe physischer Kräfte. Erst wenn wir uns von der Fesselung an die Nerven befreit haben, können wir sie außer Acht lassen.

Es gibt den unbewussten Geist, aber er befindet sich unterhalb des Bewusstseins, das nur ein Teil des menschlichen Organismus ist. Die Philosophie ist ein Rätselraten über den Verstand. Die Religion beruht auf dem Kontakt mit den Sinnen, auf dem Sehen, der einzigen Grundlage des Wissens. Was mit dem Überbewusstsein in Berührung kommt, ist Tatsache. *Aptas* sind diejenigen, die die Religion „erspürt" haben. Der Beweis ist, dass, wenn du ihrer

Methode folgst, du auch sehen wirst. Jede Wissenschaft erfordert ihre eigene Methode und ihre eigenen Instrumente. Ein Astronom kann dir die Ringe des Saturns nicht mit Hilfe von Töpfen und Pfannen in der Küche zeigen. Er braucht ein Teleskop. Um die großen Tatsachen der Religion zu sehen, muss man also die Methoden derer anwenden, die bereits gesehen haben. Je größer die Wissenschaft, desto vielfältiger die Mittel, sie zu studieren.

Bevor wir in die Welt gekommen sind, hat Gott die Mittel bereitgestellt, um uns zu befreien. Alles, was wir tun müssen, ist also, die Mittel zu finden. Aber streitet nicht über die Methoden. Sucht nur nach Verwirklichung und wählt die beste Methode, die ihr finden könnt und die zu euch passt. Esst die Mangos und lasst die anderen sich um den Korb streiten. Sieh Christus, dann wirst du ein Christ sein. Alles andere ist Gerede. Je weniger Gerede, desto besser.

Die Botschaft macht den Boten. Der Herr macht den Tempel, nicht umgekehrt.

Lerne, bis „die Herrlichkeit des Herrn auf deinem Antlitz leuchtet", wie sie auf dem Antlitz von *Shvetaketu* leuchtete.

Durch Vermutung und Gegenvermutung entsteht Streit. Aber sprich von dem, was du geschaut hast, und kein menschliches Herz kann dem widerstehen. Paulus wurde gegen seinen Willen durch die Erkenntnis bekehrt.

Dienstagnachmittag

(Nach dem Abendessen gab es ein kurzes Gespräch, in dessen Verlauf der Swami sagte:)

Verblendung erzeugt Verblendung. Verblendung erschafft sich selbst und zerstört sich selbst. So ist *Maya*. Alles (so genannte) Wissen, das auf *Maya* basiert, ist ein Teufelskreis, und mit der Zeit zerstört sich dieses Wissen selbst. „Lass das Seil los". Die Verblendung kann den *Atman* nicht berühren. Wenn wir uns an das Seil klammern – uns mit *Maya* identifizieren – hat sie Macht über uns. Lass sie los, sei nur der Zeuge, dann kannst du das Bild des Universums ungestört bewundern.

Die Kräfte, die durch die Praxis des Yoga erworben werden, sind keine Hindernisse für den Yogi, der vollkommen ist, aber sie können es für den Anfänger sein, durch das Staunen und die Freude, die durch ihre Ausübung hervorgerufen werden. *Siddhis* (übernatürliche Kräfte) sind die Kräfte, die den Erfolg in der Praxis kennzeichnen, und sie können durch verschiedene Mittel erzeugt werden wie durch die Wiederholung eines Mantras, durch Yoga-Praxis, Meditation, Fasten oder sogar durch den Gebrauch von Kräutern und Drogen. Der Yogi, der jegliches Interesse an den erworbenen Kräften überwunden hat und auf alle Tugendhaftigkeit, die sich aus seinen Handlungen ergibt, verzichtet, erreicht die „Wolke der Tugend" (einer der Zustände von *Samadhi*) und strahlt Heiligkeit aus, wie eine Wolke Wasser regnet.

Die Meditation bezieht sich auf eine Reihe von Objekten, die Konzentration auf ein Objekt.

Der Geist (mind) wird vom *Atman* wahrgenommen, aber er ist nicht selbst erleuchtet. Der *Atman* kann nicht die Ursache von irgendetwas sein. Wie kann er das sein? Wie kann sich der *Purusha* mit der *Prakriti* (der Natur) verbinden? Er tut es nicht. Es wird nur irrtümlich gedacht, dass er es tut.

Lerne zu helfen, ohne zu bemitleiden oder zu fühlen, dass es irgendein Elend gibt. Lerne, dem Feind und dem Freund gegenüber der Gleiche zu sein. Wenn du das tun kannst und kein Verlangen mehr hast, ist das Ziel erreicht.

Fälle den Banyan-Baum der Begierde mit der Axt der Nicht-Anhaftung, und er wird völlig verschwinden. Es ist alles Illusion. „Derjenige, von dem Fäulnis und Verblendung abgefallen sind, der die Übel der Bindung besiegt hat, er allein ist *Azad* (frei)."

Jemanden persönlich zu lieben, ist Knechtschaft. Liebt alle gleich, dann fallen alle Wünsche ab.

Die alles verschlingende Zeit kommt, und alles muss gehen. Warum versuchen, die Erde zu verbessern, den Schmetterling anzumalen? Am Ende muss alles verschwinden. Seid nicht nur wie weiße Mäuse in einer Tretmühle, die immer arbeiten und nie etwas erreichen. Jeder Wunsch ist mit Übel behaftet, egal ob der Wunsch gut oder böse ist. Er ist wie ein Hund, der einem Stück

Fleisch hinterherläuft, das immer weiter von ihm entfernt ist, und schließlich wie ein Hund stirbt. Sei nicht so. Befreie dich von allem Verlangen.

* * *

Der *Paramatman*, der *Maya* beherrscht, ist *Ishvara*. Der *Paramatman*, der unter *Maya* steht, ist der *Jivatman*. *Maya* ist die Summe aller Manifestation und wird völlig verschwinden.

Das Baum-Sein ist *Maya*. Es ist in Wirklichkeit die Gottesnatur, die wir unter dem Schleier von *Maya* sehen. Das „Warum" von allem liegt in *Maya*. Zu fragen, warum *Maya* entstanden ist, ist eine nutzlose Frage, denn die Antwort kann in *Maya* niemals gegeben werden, und wer würde sie jenseits von *Maya* stellen? Das Böse schafft das „Warum", nicht das „Warum" das Böse, und es ist das Böse, das nach dem „Warum" fragt. Die Illusion vernichtet die Illusion. Die Vernunft selbst, die auf Widersprüchen beruht, ist ein Kreis und muss sich selbst töten. Die Sinneswahrnehmung ist eine Schlussfolgerung, und doch kommt jede Schlussfolgerung aus der Wahrnehmung.

Die Unwissenheit, die das Licht Gottes widerspiegelt, wird gesehen, aber sie selbst ist nichts. Die Wolke würde nicht erscheinen, wenn nicht das Sonnenlicht auf sie fiele.

Es waren einmal vier Reisende, die an eine hohe Mauer kamen. Der erste kletterte mühsam hinauf und sprang, ohne sich umzusehen, hinüber. Der zweite kletterte die Mauer hinauf, schaute hinüber und verschwand mit einem Freudenschrei. Der dritte kletterte hinauf, schaute, wohin seine Gefährten gegangen waren, lachte vor Freude und folgte ihnen. Der vierte aber kam zurück, um zu berichten, was mit seinen Mitreisenden geschehen war. Das Zeichen für uns, dass es ein Jenseits gibt, ist das Lachen, das von jenen Großen zurückkommt, die sich von *Mayas* Mauer gestürzt haben.

* * *

Wenn wir uns vom Absoluten trennen und ihm bestimmte Eigenschaften zuschreiben, erhalten wir *Ishvara*. Es ist die Wirklichkeit des Universums, wie wir sie durch unseren Geist sehen. Der persönliche Teufel ist das Elend der Welt, gesehen durch den Verstand der abergläubischen Menschen.

(*Patanjalis* Yoga Aphorismen)

„Dinge können getan, veranlasst oder gebilligt werden", und die Wirkung auf uns ist fast gleich.

Vollständige Enthaltsamkeit verleiht große intellektuelle und spirituelle Kraft. Der *Brahmachari* muss in Gedanken, Worten und Taten sexuell rein sein. Verliere die Achtung vor dem Körper. Befreie dich so weit wie möglich von dem Bewusstsein über ihn.

Asana (die Haltung) muss gefestigt und angenehm sein. Ständige Übung, die den Geist mit dem Unendlichen identifiziert, wird dies bewirken.

Kontinuierliche Aufmerksamkeit auf ein Objekt ist Kontemplation.

Wenn ein Stein in stilles Wasser geworfen wird, entstehen viele Kreise, jeder für sich, aber alle in Wechselwirkung miteinander. So ist es auch mit unserem Geist. Nur bei uns ist die Handlung unbewusst, während sie bei einem Yogi bewusst ist. Wir sind Spinnen in einem Netz, und die Yogapraxis wird uns befähigen, wie die Spinne an jedem beliebigen Faden des Netzes entlangzugehen, der uns gefällt. Jene, die keine Yogis sind, sind an den Ort gebunden, an dem sie sich befinden.

* * *

Einen anderen zu verletzen, schafft Fesseln und verbirgt die Wahrheit. Passiv tugendhaft zu sein, reicht nicht aus. Wir müssen *Maya* bezwingen, und dann wird sie uns folgen. Wir verdienen die Dinge nur, wenn sie aufhören, uns zu binden. Wenn die Fesselung aufhört, kommen alle Dinge wirklich und wahrhaftig zu uns. Nur die, die nichts wollen, sind Meister der Natur.

Nimm Zuflucht zu einer Seele, die ihre Fesseln bereits gebrochen hat, und mit der Zeit wird sie dich durch ihre Barmherzigkeit befreien. Noch höher ist es, zum Herrn (*Ishvara*) Zuflucht zu nehmen, aber das ist das Schwierigste. Nur einmal in einem Jahrhundert kann man jemanden finden, der es wirklich getan hat. Nichts fühlen, nichts wissen, nichts tun, nichts haben, alles Gott überlassen und ganz und gar sagen: „Dein Wille geschehe." Wir träumen diese Knechtschaft nur. Wacht auf und lasst sie los. Nehmt Zuflucht zu Gott. Nur so können wir die Wüste der *Maya* durchqueren. „Lass deinen Griff los, kühner *Sannyasin*, sprich, *Om Tat Sat*, Om!"

Es ist unser Privileg, wohltätig sein zu dürfen, denn nur so können wir wachsen. Der arme Mensch leidet, damit uns geholfen werden kann. Möge der Geber niederknien und danken, möge der Empfänger aufstehen und gewähren. Seht den Herrn hinter jedem Wesen und gebt ihm. Wenn wir aufhören, das Böse zu sehen, muss die Welt für uns zu existieren aufhören, denn es ist ihr einziges Ziel, uns von diesem Irrtum zu befreien. Zu denken, dass es irgendeine Unvollkommenheit gibt, erzeugt sie. Gedanken an Stärke und Vollkommenheit allein können sie heilen. Tu so viel Gutes, wie du kannst, es wird immer etwas Böses dabei sein. Aber tu alles ohne Rücksicht auf persönlichen Lohn. Überlasse alle Ergebnisse dem Herrn, dann wird dich weder das Gute noch das Böse berühren.

Arbeit ist nicht Religion, aber richtig ausgeführte Arbeit führt zur Freiheit. In Wirklichkeit ist alles Mitleid Finsternis, denn wen soll man bemitleiden? Kann man Gott bemitleiden? Und gibt es noch etwas anderes? Danke Gott dafür, dass er dir diese Welt als moralisches Übungsfeld gegeben hat, um deine Entwicklung zu fördern, aber glaube niemals, dass du der Welt helfen kannst. Sei dem dankbar, der dich verflucht, denn er zeigt dir einen Spiegel, in dem du siehst, was ein Fluch ist, und gibt dir auch Gelegenheit, Selbstbeherrschung zu üben. Segne ihn also und sei froh. Ohne Übung kann die Kraft nicht hervortreten. Ohne den Spiegel können wir uns nicht sehen.

Unkeusche Vorstellungen sind ebenso schlecht wie unkeusche Handlungen. Kontrolliertes Begehren führt zum höchsten Ergebnis. Wandle die sexuelle Energie in spirituelle Energie um, aber entmanne dich nicht, denn das bedeutet, die Kraft wegzuwerfen. Je stärker diese Kraft ist, desto mehr kann mit ihr getan werden. Nur ein starker Wasserstrom kann das Wasserwerk betreiben.

Was wir heute brauchen, ist das Wissen, dass es einen Gott gibt und dass wir Ihn hier und jetzt sehen und spüren können. Ein Professor aus Chicago sagte: „Kümmere dich um diese Welt, Gott wird sich um die nächste kümmern." Was für ein Blödsinn! Wenn wir uns um diese Welt kümmern können, wozu brauchen wir dann einen gnädigen Gott, der sich um die nächste Welt kümmert?

(Brihadaranyakopanishad)

Liebe alle Dinge nur durch und für das Selbst. *Yajnavalkya* sagte zu *Maitreyi*, seiner Frau: „Durch den *Atman* wissen wir alle Dinge." Der *Atman* kann niemals das Objekt der Erkenntnis sein, noch kann der Wissende erkannt werden. Wer weiß, dass er der *Atman* ist, der ist sein eigenes Gesetz. Er weiß, dass er das Universum und sein Schöpfer ist.

Alte Mythen in Form von Allegorien aufrechtzuerhalten und ihnen übermäßige Bedeutung beizumessen, fördert den Aberglauben und ist in Wirklichkeit Schwäche. Die Wahrheit darf keine Kompromisse eingehen. Lehre die Wahrheit und entschuldige keinen Aberglauben. Ziehe die Wahrheit auch nicht auf die Ebene der Zuhörer.

Samstag, 27. Juli 1895

(Kathopanishad)

Lerne die Wahrheit über das Selbst nur von dem, der sie verwirklicht hat. Bei allen anderen ist sie bloßes Gerede. Die Verwirklichung liegt jenseits von Tugend und Laster, jenseits von Zukunft und Vergangenheit, jenseits aller Gegensatzpaare. „Der makellose Mensch sieht das Selbst, und in der Seele kehrt ewige Ruhe ein." Reden, Diskutieren und Lesen von Büchern, die höchsten Höhenflüge des Intellekts, die *Veden* selbst, all das kann kein Wissen über das Selbst geben.

In uns sind zwei – die Gott-Seele und die Menschen-Seele. Die Weisen wissen, dass die letztere nur ein Schatten und die erstere die einzig wahre Sonne ist.

Solange wir den Geist nicht mit den Sinnen verbinden, erhalten wir keinen Bericht von Augen, Nase, Ohren usw. Die äußeren Organe werden durch die Kraft des Geistes benutzt. Lass die Sinne nicht nach außen gehen. Dann kannst du dich vom Körper und der äußeren Welt befreien.

Genau dieses „X" (die unbekannte Größe), das wir hier als Außenwelt sehen, sehen die Verstorbenen als Himmel oder Hölle, je nach ihrem eigenen Geisteszustand. Das Diesseits und das Jenseits sind zwei Träume, wobei das Letztere dem Ersteren nachempfunden ist. Wird man beide los, ist alles allgegenwärtig, alles ist jetzt. Die Natur, der Körper und der Geist sind dem Tod verfallen, nicht wir. Wir gehen und kommen nicht. Der Mensch Swami Vivekananda ist in der Natur, wird geboren und stirbt. Aber das Selbst, das wir als Swami Vivekananda sehen, wird nie geboren und stirbt nie. Es ist die ewige und unveränderliche Wirklichkeit.

Die Macht des Geistes ist dieselbe, ob wir sie in fünf Sinne einteilen oder ob wir nur einen sehen. Ein Blinder sagt: „Alles hat ein deutliches Echo, also klatsche ich in die Hände und bekomme dieses Echo, und dann kann ich alles um mich herum wahrnehmen." So kann der Blinde den Sehenden im Nebel sicher führen. Nebel oder Dunkelheit machen für ihn keinen Unterschied.

Kontrolliere den Geist, schalte die Sinne aus, dann bist du ein Yogi. Danach wird alles andere kommen. Weigere dich zu hören, zu sehen, zu riechen, zu schmecken. Entziehe den äußeren Organen die geistige Kraft. Du tust dies ständig unbewusst, wenn dein Geist absorbiert ist. So kannst du lernen, es bewusst zu tun. Der Verstand kann die Sinne dorthin lenken, wo es ihm gefällt. Befreie dich von dem grundlegenden Aberglauben, dass wir gezwungen sind, durch den Körper zu handeln. Wir müssen es nicht. Geh in dich und erhalte die *Upanishaden* aus deinem eigenen Selbst heraus. Du bist das größte Buch, das je war und je sein wird, der unendliche Speicher von allem, was ist. Solange sich der innere Lehrer nicht öffnet, ist alle äußere Lehre vergeblich. Sie muss zur Öffnung des Buches des Herzens führen, um irgendeinen Wert zu haben.

Der Wille ist die „leise Stimme", der wahre Herrscher, der sagt „tu es" und „tu es nicht". Er hat alles getan, was uns bindet. Der unwissende Wille führt in die Knechtschaft, der wissende Wille kann uns befreien. Der Wille kann auf tausenden von Wegen gestärkt werden. Jeder Weg ist eine Art von Yoga, aber der systematisierte Yoga vollbringt die Arbeit schneller. *Bhakti-, Karma-, Raja-* und *Jnana-Yoga* bereiten den Boden effektiver. Setze alle Kräfte ein, Philosophie, Arbeit, Gebet, Meditation – hisse alle Segel, setze alle Hebel in Bewegung und erreiche das Ziel, je früher, desto besser.

Die Taufe ist eine äußere Reinigung, die die innere symbolisiert. Sie ist buddhistischen Ursprungs.

Die Eucharistie ist das Überbleibsel eines sehr alten Brauchs der wilden Stämme. Sie töteten manchmal ihre großen Häuptlinge und aßen ihr Fleisch, um in sich selbst die Eigenschaften zu erhalten, die ihre Führer groß machten. Sie glaubten, dass auf diese Weise die Eigenschaften, die den Häuptling mutig und weise machten, zu ihren eigenen werden und den ganzen Stamm mutig und weise machen würden, anstatt nur einen Mann. Menschenopfer waren ebenfalls eine jüdische Idee, an der sie trotz vieler Züchtigungen durch Jehova festhielten. Jesus war sanftmütig und liebevoll, aber um ihn in den jüdischen Glauben einzupassen, musste die Idee des Menschenopfers in Form von Sühne oder als menschlicher Sündenbock hinzukommen. Diese grausame Idee führte dazu, dass sich das Christentum von den Lehren Jesu entfernt und einen Geist der Verfolgung und des Blutvergießens entwickelt hat.

Sage: „Es ist mein Wesen", sage niemals: „Es ist meine Pflicht", dieses oder jenes zu tun.

„Die Wahrheit allein siegt, nicht die Unwahrheit." Stehe auf der Wahrheit, und du hast Gott.

* * *

In Indien hat sich seit den frühesten Zeiten die Brahmanenkaste über jedes Gesetz gestellt. Sie beanspruchte, göttlich zu sein. Die Brahmanen sind arm, aber es ist ihre Schwäche, dass sie nach Macht streben. Hier gibt es etwa sechzig Millionen Menschen, die gut und moralisch sind und keinen Besitz haben, und sie sind, was sie sind, weil ihnen von Geburt an beigebracht wird, dass sie über dem Gesetz und über der Strafe stehen. Sie fühlen sich als „zweimal Geborene", als Söhne Gottes.

Sonntag, 28. Juli 1895

(Die Avadhuta Gita oder das „Lied der Geläuterten" von Dattatreya[1])

„Alles Wissen hängt von der Ruhe des Geistes ab."

„Ihn, der das Universum erfüllt hat, Ihn, der das Selbst im Selbst ist, wie soll ich Ihn grüßen?"

Den *Atman* als meine Natur zu erkennen, ist sowohl Wissen als auch Verwirklichung. „Ich bin Er. Daran gibt es nicht den geringsten Zweifel."

---

[1] Dattatreya gilt als eine Inkarnation von *Brahma*, *Vishnu* und *Shiva*.

„Kein Gedanke, kein Wort, keine Tat schafft eine Fessel für mich. Ich bin jenseits der Sinne, ich bin Wissen und Glückseligkeit."

Es gibt weder Existenz noch Nicht-Existenz, alles ist *Atman*. Schüttelt alle Vorstellungen von Relativität ab. Schüttelt allen Aberglauben ab. Lasst Kaste, Geburt, *Devas* und alles andere verschwinden. Warum von Sein und Werden sprechen? Hört auf, von Dualismus und *Advaita* zu reden! Wann wart ihr zwei, dass ihr von zwei oder eins sprecht? Das Universum ist dieser heilige Eine und Er allein. Redet nicht von Yoga, um euch rein zu machen. Ihr seid von Natur aus rein. Niemand kann euch belehren.

Menschen wie der Verfasser dieses Liedes sind es, die die Religion am Leben erhalten. Sie haben tatsächlich erkannt, dass sie sich um nichts kümmern, dass sie nichts spüren, was dem Körper angetan wird, dass sie sich nicht um Hitze und Kälte, Gefahr oder sonst etwas sorgen. Sie sitzen still da und genießen die Glückseligkeit des *Atman*, während glühende Kohlen ihren Körper verbrennen, und sie spüren sie nicht.

„Wo die dreifache Knechtschaft von Wissendem, Wissen und Gewusstem aufhört, ist *Atman*."

„Wo die Täuschung von Knechtschaft und Freiheit aufhört, ist *Atman*."

„Was ist, wenn du den Geist kontrolliert hast, was, wenn du ihn nicht kontrolliert hast? Was ist, wenn du Geld hast, was ist, wenn du es nicht hast? Du bist der *Atman*, der immer rein ist. Sag: ‚Ich bin der *Atman*. Nichts bindet mich. Ich bin der unveränderliche Himmel. Wolken der Meinungen mögen über mich hinwegziehen, aber sie berühren mich nicht.'"

„Verbrenne die Tugend, verbrenne das Laster. Freiheit ist Kinderkram. Ich bin das unsterbliche Wissen. Ich bin diese Reinheit."

„Keiner war je gebunden, keiner war je frei. Es gibt niemanden außer mir. Ich bin das Unendliche, das Ewig-Freie. Sprich nicht zu mir! Was kann mich ändern, der ich die Essenz des Wissens bin! Wer kann lehren, wer kann belehrt werden?"

Wirf das Argument, wirf die Philosophie in den Graben.

„Nur der Sklave sieht Sklaven, der Verblendete Verblendung, der Unreine Unreinheit."

Ort, Zeit, Verursachung sind alles Täuschungen. Es ist deine Krankheit, dass du denkst, du bist gebunden und wirst frei sein. Du bist der Unveränderliche. Sprich nicht. Setz dich hin und lass alle Dinge verwehen. Sie sind nur Träume. Es gibt keine Differenzierung, keine Unterscheidung. Es ist alles Aberglaube. Deshalb sei still und wisse, was du bist.

„Ich bin die Essenz der Glückseligkeit." Folge keinem Ideal. Du bist alles, was es gibt. Fürchte dich vor nichts. Du bist die Essenz der Existenz. Sei in Frieden. Störe dich nicht. Du warst nie gebunden, du warst nie tugendhaft oder sündhaft. Befreie dich von all diesen Täuschungen und sei in Frieden. Wen soll man verehren? Wer verehrt? Alles ist *Atman*. Zu sprechen, zu denken ist Aberglaube. Wiederhole immer wieder: „Ich bin *Atman*", „Ich bin *Atman*". Lass alles andere los.

Montag, 29. Juli 1895

Manchmal weisen wir auf eine Sache hin, indem wir ihre Umgebung beschreiben. Wenn wir „*Sat-Chit-Ananda*" (Existenz-Wissen-Glückseligkeit) sagen, weisen wir lediglich auf das Ufer eines unbeschreiblichen Jenseits hin. Wir können nicht einmal von ihm sagen: „Es ist", denn auch das ist relativ. Jede Vorstellung, jedes Konzept ist vergeblich. Neti, neti („Nicht dies, nicht das") ist alles, was gesagt werden kann, denn selbst das Denken bedeutet zu begrenzen und damit zu verlieren.

Die Sinne betrügen dich Tag und Nacht. *Vedanta* hat das schon vor Jahrhunderten herausgefunden. Die moderne Wissenschaft entdeckt gerade die gleiche Tatsache. Ein Bild hat nur Länge und Breite, und der Maler kopiert die Natur in ihrer Täuschung, indem er künstlich den Anschein von Tiefe erweckt. Keine zwei Menschen sehen die gleiche Welt. Das höchste Wissen wird dir zeigen, dass es keine Bewegung, keine Veränderung in irgendetwas gibt, dass die Vorstellung davon nur *Maya* ist. Studiere die Natur als Ganzes, das heißt, studiere die Bewegung. Geist und Körper sind nicht unser wirkliches Selbst. Beide gehören zur Natur. Aber schließlich können wir das Ding an sich erkennen. Dann werden Geist und Körper transzendiert, und alles, was sie sich vorstellen, verschwindet. Wenn man völlig aufhört, die Welt zu erkennen und zu sehen, dann verwirklicht man *Atman*. Die Überwindung des relativen Wissens ist das, was nottut. Es gibt keinen unendlichen Geist und kein unendliches Wissen, denn sowohl Geist als auch Wissen sind begrenzt. Wir sehen jetzt durch einen Schleier. Dann erreichen wir das „X", das die Wirklichkeit all unseres Wissens ist.

Wenn wir ein Bild durch ein Nadelloch in einem Karton betrachten, haben wir eine völlig falsche Vorstellung davon. Doch was wir sehen, ist tatsächlich das Bild. Wenn wir das Loch vergrößern, erhalten wir eine immer klarere Vorstellung. Aus der Realität stellen wir die verschiedenen Ansichten her, die unseren falschen Vorstellungen von Namen und Form entsprechen. Wenn wir den Karton wegwerfen, sehen wir dasselbe Bild, aber wir sehen es so, wie es ist. Wir fügen alle Attribute, alle Fehler ein. Das Bild selbst wird dadurch nicht verändert. Das liegt daran, dass *Atman* die Realität von allem ist. Alles, was wir sehen, ist *Atman*, aber nicht so, wie wir ihn sehen, als Name und Form. Sie sind in unserem Schleier, in *Maya*. Sie sind wie Flecken im Objektiv eines Teleskops. Doch es ist das Licht der Sonne, das uns die Flecken zeigt. Wir könnten nicht einmal die Illusion sehen, wenn wir nicht den Hintergrund der Realität, *Brahman*, hätten. Swami Vivekananda ist nur der Fleck auf dem Objektiv. Ich bin *Atman*, real, unveränderlich, und nur diese Realität ermöglicht es mir, Swami Vivekananda zu sehen. *Atman* ist die Essenz jeder Halluzination. Aber die Sonne wird niemals eins mit den Flecken auf dem Glas. Sie zeigt sie uns nur. Unsere Handlungen, ob sie gut oder böse sind, vergrößern oder verkleinern die „Flecken", aber sie beeinflussen niemals den Gott in uns. Reinigt den Geist vollkommen von Flecken und wir sehen sofort: „Ich und mein Vater sind eins."

Wir nehmen zuerst wahr und denken dann nach. Wir müssen diese Wahrnehmung als Tatsache erkennen, und das nennt man Religion, Verwirklichung. Es spielt keine Rolle, ob jemand noch nie von einem Glaubensbekenntnis, einem Propheten oder einem Buch gehört hat. Wenn er diese Erkenntnis erlangt, braucht er nichts weiter. Den Geist reinigen, das ist die ganze Religion. Und solange wir nicht selbst die Flecken beseitigen, können wir die Wirklichkeit nicht so sehen, wie sie ist.

Das Baby sieht keine Sünde. Es trägt noch nicht den Maßstab davon in sich. Befreie dich von den Mängeln in dir selbst, und du wirst nicht in der Lage sein, etwas von außen zu sehen. Ein Baby sieht, wie ein Raub begangen wird, und es bedeutet ihm nichts. Wenn du einmal das versteckte Objekt in einem Rätselbild gefunden hast, siehst du es immer mehr. So siehst du, wenn du einmal frei und rein bist, nur noch Freiheit und Reinheit in der Welt um dich herum. In diesem Moment werden alle Knoten des Herzens zerschnitten, alles Krumme wird gerade gemacht, und diese Welt verschwindet wie ein Traum. Und wenn wir aufwachen, fragen wir uns, wie wir jemals dazu gekommen sind, solchen Unsinn zu träumen!

„Wem der Berg des Elends zu hoch ist, der hat keine Macht, die Seele zu bewegen."

Mit der Axt des Wissens schneidet man die Räder ab, und der *Atman* steht frei, wenn auch der alte Schwung das Rad des Geistes und Körpers weitertreibt. Das Rad kann jetzt nur noch geradeaus laufen, kann nur noch Gutes tun. Wenn dieser Körper etwas Schlechtes tut, dann wisse, dass der Mensch kein *Jivanmukta* ist. Er lügt, wenn er das behauptet. Aber erst wenn die Räder (durch die Reinigung des Geistes) geradeaus laufen, kann die Axt eingesetzt werden. Alle reinigenden Handlungen versetzen der Verblendung bewusste oder unbewusste Schläge. Einen anderen einen Sünder zu nennen, ist das Schlimmste, was man tun kann. Gute Handlungen, die unwissentlich ausgeführt werden, haben das gleiche Ergebnis und helfen, die Fesseln zu sprengen.

Die Sonne mit den Flecken auf dem Objektiv zu identifizieren, ist der grundlegende Fehler. Wisse, dass die Sonne, das „Selbst", immer von allem unberührt ist, und widme dich der Reinigung der Flecken. Der Mensch ist das größte Wesen, das jemals sein kann. Die höchste Verehrung, die es gibt, ist die Verehrung des Menschen als *Krishna*, Buddha, Christus. Was du willst, erschaffst du. Werde das Verlangen los.

Die Engel und die Verstorbenen sind alle hier und betrachten diese Welt als Himmel. Das gleiche „X" wird von allen gesehen, je nach ihrer geistigen Einstellung. Die beste Sicht auf das „X" hat man hier auf der Erde. Wünsche, niemals in den Himmel zu gehen, denn das ist die schlimmste Täuschung. Auch hier sind zu viel Reichtum und drückende Armut Fesseln und versperren uns den Weg zur Religion. Wir haben drei große Gaben: erstens, einen menschlichen Körper. (Der menschliche Geist ist das nächstgelegene Abbild Gottes, wir sind „sein Ebenbild".) Zweitens, den Wunsch, frei zu sein. Drittens, die Hilfe einer edlen Seele, eines Lehrers, der das Meer der Verblendung überquert hat. Wenn du diese drei hast, lobe den Herrn. Du wirst sicher frei sein.

Was du nur intellektuell begreifst, kann durch ein neues Argument umgestoßen werden. Aber was du verwirklichst, gehört für immer dir. Reden über Religion nützt wenig. Sieh Gott überall, im Menschen, im Tier, in der Nahrung, der Arbeit. Mache dir das zur Gewohnheit.

Ingersoll sagte einmal zu mir: „Ich glaube daran, den größten Gewinn aus dieser Welt zu ziehen, indem ich die Orange auspresse, denn diese Welt ist alles, was wir sicher haben." Ich antwortete ihm: „Ich weiß einen besseren Weg, die Orange dieser Welt auszupressen als Sie, und ich habe mehr davon. Ich weiß, dass ich nicht sterben kann, also bin ich nicht in Eile. Ich weiß, dass es keine Angst gibt, also genieße ich das Auspressen. Ich habe keine Pflichten, keine Fesseln von Frau und Kindern und Eigentum. Ich kann alle Männer und Frauen lieben. Jeder ist für mich Gott. Denken Sie an die Freude, den Menschen wie Gott zu lieben! Pressen Sie Ihre Orange auf diese Weise aus und holen Sie zehntausendfach mehr heraus. Nehmen Sie jeden einzelnen Tropfen."

Was uns als Wille erscheint, ist der *Atman*. Er ist wirklich frei.

Montagnachmittag

Jesus war unvollkommen, weil er nicht ganz seinem eigenen Ideal entsprach, und vor allem, weil er der Frau nicht den gleichen Platz wie dem Mann einräumte. Die Frauen taten alles für ihn, und doch war er so sehr an die jüdische Sitte gebunden, dass er keine von ihnen zum Apostel erhob. Dennoch war er die größte Persönlichkeit neben Buddha, der seinerseits auch nicht völlig vollkommen war. Buddha erkannte jedoch das Recht der Frau auf einen gleichberechtigten Platz in der Religion an, und seine erste und eine seiner größten Jüngerinnen war seine eigene Frau, die zum Oberhaupt der gesamten buddhistischen Bewegung unter den Frauen Indiens wurde. Aber wir sollten diese Großen nicht kritisieren, wir sollten sie nur als weit über uns stehend betrachten. Nichtsdestotrotz dürfen wir unseren Glauben nicht an einen noch so großen Mann binden. Auch wir müssen Buddhas und Christusse werden.

Kein Mensch sollte nach seinen Fehlern beurteilt werden. Die großen Tugenden, die ein Mensch hat, sind die seinen. Seine Fehler sind die gewöhnlichen Schwächen der Menschheit und sollten niemals bei der Bewertung seines Charakters berücksichtigt werden.

Vira, das Sanskrit-Wort für „heldenhaft", ist der Ursprung für unser Wort „Tugend", denn in der Antike galt der beste Kämpfer als der tugendhafteste Mensch.

Dienstag, 30. Juli 1895

Menschen wie Christus und Buddha bieten uns lediglich die Gelegenheit, unsere eigenen inneren Kräfte zu objektivieren. Wir sind es tatsächlich selbst, die unsere eigenen Gebete erhören.

Es ist eine Blasphemie zu denken, dass die Menschheit nicht gerettet worden wäre, wenn Jesus nie geboren worden wäre. Es ist furchtbar, die Göttlichkeit in der menschlichen Natur zu vergessen, eine Göttlichkeit, die zum Vorschein kommen muss. Vergesst niemals die Herrlichkeit der menschlichen Natur. Wir sind der größte Gott, der je war und je sein wird. Christusse und Buddhas sind nur Wellen auf dem grenzenlosen Meer, das ich bin. Verneige dich vor nichts anderem als vor deinem eigenen höheren Selbst. Solange du nicht weißt, dass du selbst der Gott der Götter bist, wird es für dich keine Freiheit geben.

Alle unsere vergangenen Handlungen sind wirklich gut, denn sie führen uns zu dem, was wir letztendlich werden. Wen soll ich anflehen? Ich bin die wahre Existenz, und alles andere ist ein Traum, es sei denn, ich bin es. Ich bin der ganze Ozean. Nenne die kleine Welle, die du gemacht hast, nicht „ich". Erkenne sie als nichts anderes als eine Welle. *Satyakama* (der Wahrheitsliebende) hörte die innere Stimme, die ihm sagte: „Du bist das Unendliche. Das Universelle ist in dir. Beherrsche dich und höre auf die Stimme deines wahren Selbst."

Die großen Propheten, die den Kampf führen, müssen weniger vollkommen sein als jene, die ein stilles Leben der Heiligkeit führen, große Gedanken denken und so der Welt helfen. Diese Männer, die einer nach dem anderen dahinschwinden, bringen als Letztes den Kraftvollen hervor, der predigt.

* * *

Wissen existiert. Der Mensch entdeckt es nur. Die *Veden* sind das ewige Wissen, durch das Gott die Welt erschaffen hat. Sie sprechen von hoher Philosophie, der höchsten, und erheben diesen ungeheuren Anspruch.

Sag mutig die Wahrheit, ob sie nun weh tut oder nicht. Passe dich niemals der Schwäche an. Wenn die Wahrheit zu viel für intelligente Menschen ist und sie umwirft, lass sie gehen, je früher, desto besser. Kindische Ideen sind für Babys und Wilde, und diese sind nicht alle im Kinderzimmer und in den Wäldern. Einige von ihnen sind auf die Kanzel geraten.

Es ist schlecht, in der Kirche zu bleiben, nachdem man geistig erwachsen geworden ist. Komm heraus und stirb in der Luft der Freiheit.

Alle Entwicklung findet in der relativen Welt statt. Die menschliche Form ist das höchste und der Mensch das größte Wesen, denn hier und jetzt können wir uns von der relativen Welt völlig befreien, können tatsächlich Freiheit erlangen, und das ist das Ziel. Nicht nur wir können das, sondern einige haben die Vollkommenheit erreicht. Auch wenn es einmal feinere Körper geben wird, sie könnten nur auf der relativen Ebene existieren und nicht mehr tun als wir, denn Freiheit zu erlangen ist alles, was getan werden kann.

Die Engel tun niemals Böses, also werden sie niemals bestraft und niemals gerettet. Die Schläge sind es, die uns aufwecken und helfen, den Traum zu durchbrechen. Sie zeigen uns die Unzulänglichkeit dieser Welt und lassen uns die Sehnsucht nach Flucht und Freiheit verspüren.

Eine Sache, die wir nur schemenhaft wahrnehmen, nennen wir bei einem Namen. Wenn wir sie vollständig erfassen, nennen wir sie bei einem anderen Namen. Je höher das sittliche Wesen, desto tiefer die Wahrnehmung und desto stärker der Wille.

Dienstagnachmittag

Der Grund für die Harmonie zwischen Gedanke und Materie ist, dass sie zwei Seiten einer Sache sind, nennen wir sie „X", die sich in das Innere und das Äußere teilt.

Das Wort „Paradies" stammt aus dem Sanskrit *Paradesa*, das in die persische Sprache übernommen wurde und wörtlich „das jenseitige Land" oder die andere Welt bedeutet. Die alten Arier haben immer an eine Seele geglaubt, nie daran, dass der Mensch der Körper ist. Ihre Himmel und Höllen waren alle vorübergehend, weil keine Wirkung ihre Ursache überdauern kann und keine Ursache ewig ist. Daher müssen alle Wirkungen zu einem Ende kommen.

Die gesamte *Vedanta*-Philosophie ist in dieser Geschichte enthalten: Zwei Vögel mit goldenem Gefieder saßen auf demselben Baum. Der eine oben, gelassen, majestätisch, versunken in seine eigene Herrlichkeit, der andere unten, ruhelos und die Früchte des Baumes verzehrend, mal süß, mal bitter. Einmal aß er eine besonders bittere Frucht. Da hielt er inne und schaute zu dem majestätischen Vogel oben hinauf. Aber bald vergaß er den anderen Vogel und aß weiter von den Früchten des Baumes wie zuvor. Wieder verzehrte er eine bittere Frucht, und diesmal hüpfte er ein paar Äste weiter nach oben, näher zu dem Vogel an der Spitze. Dies geschah viele Male, bis schließlich der untere Vogel an die Stelle des oberen Vogels kam und sich verlor. Mit einem Mal stellte er fest, dass es nie zwei Vögel gegeben hatte, sondern dass er die ganze Zeit der obere Vogel war, gelassen, majestätisch und in seine eigene Herrlichkeit versunken.

Mittwoch, 31. Juli 1895

Luther schädigte die Religion, indem er die Entsagung wegnahm und uns stattdessen die Sittenlehre gab. Atheisten und Materialisten können ethisch sein, aber nur Gläubige an den Herrn können Religion haben.

Die Bösen bezahlen den Preis für die Heiligkeit der großen Seele. Denkt daran, wenn ihr einen bösen Menschen seht. So wie der arme Mann mit seiner Arbeit für den Luxus des reichen Mannes bezahlt, so ist es auch in der geistigen Welt. Die schreckliche Erniedrigung der Massen in Indien ist der Preis, den die Natur für die Hervorbringung großer Seelen wie Mirabai, Buddha usw. bezahlt.

* * *

„Ich bin die Heiligkeit des Heiligen." (Gita) „Ich bin die Wurzel. Jeder gebraucht sie auf seine Weise, aber alles ist Ich." „Ich mache alles. Ihr seid nur der Anlass."

Sprich nicht viel, sondern fühle den Geist in dir. Dann bist du ein *Jnani*. Dies ist Wissen. Alles andere ist Unwissenheit. Alles, was es zu wissen gibt, ist *Brahman*. Es ist alles.

Sattva bindet durch die Suche nach Glück und Wissen, *Rajas* bindet durch Begehren, *Tamas* bindet durch falsche Wahrnehmung und Faulheit.

Überwinde die beiden niederen durch *Sattva*, dann gib alles dem Herrn und sei frei.

Der *Bhakti-Yogi* verwirklicht *Brahman* sehr bald und geht über die drei Eigenschaften hinaus. (Gita, XII)

Der Wille, das Bewusstsein, die Sinne, das Verlangen, die Leidenschaften, all das zusammen ergibt das, was wir die „Seele" nennen.

Es gibt erstens das scheinbare Selbst (Körper), zweitens das mentale Selbst, das den Körper mit sich selbst verwechselt (das Absolute, das durch *Maya* gebunden ist), drittens den *Atman*, das immer Reine, das immer Freie. Teilweise gesehen ist es Natur, ganz gesehen verschwindet die ganze Natur. Sogar die Erinnerung daran ist verloren. Es gibt das Veränderliche (Sterbliche), das ewig Veränderliche (Natur) und das Unveränderliche (*Atman*).

Sei vollkommen hoffnungslos. Das ist der höchste Zustand. Was gibt es zu hoffen? Zerreiß die Fesseln der Hoffnung, steh in deinem Selbst, sei ruhig, kümmere dich nicht darum, was du tust, gib alles an Gott ab, aber heuchle dabei nicht.

Svastha, das Sanskrit-Wort für „im eigenen Selbst stehen", wird in Indien umgangssprachlich verwendet, um zu fragen: „Wie geht es dir? Bist du glücklich?" Und wenn der Hindu sagen möchte: „Ich habe etwas gesehen", sagt er: „Ich habe die Wort-Bedeutung (*Padartha*) gesehen." Selbst dieses Universum ist eine „Wort-Bedeutung".

* * *

Der Körper eines vollkommenen Menschen tut mechanisch das Richtige. Er kann nur Gutes tun, weil er vollkommen gereinigt ist. Der vergangene Schwung, der das Rad des Körpers vorantreibt, ist ausschließlich gut. Alle bösen Neigungen sind ausgebrannt.

* * *

„Der Tag, an dem wir nicht vom Herrn sprechen, ist in der Tat ein schlechter Tag."

Nur die Liebe zum höchsten Herrn ist wahre *Bhakti*. Liebe zu irgendeinem anderen Wesen, wie groß auch immer, ist keine *Bhakti*. Mit dem „höchsten Herrn" ist hier *Ishvara* gemeint, dessen Konzept über das hinausgeht, was ihr im Westen unter dem persönlichen Gott versteht. „Er, von dem dieses Universum ausgeht, in dem es ruht und zu dem es zurückkehrt, Er ist *Ishvara*, der Ewige, der Reine, der Allbarmherzige, der Allmächtige, der Ewig-Freie, der Allwissende, der Lehrer aller Lehrer, der Herr, dessen Wesen unaussprechliche Liebe ist."

Der Mensch erschafft Gott nicht aus seinem eigenen Verstand, sondern er kann Gott nur im Lichte seiner eigenen Fähigkeiten sehen, und er schreibt ihm das Beste von allem zu, was er weiß. Jedes Attribut ist das Ganze Gottes, und dieses Bezeichnen des Ganzen durch eine Eigenschaft ist die metaphysische Erklärung des persönlichen Gottes. *Ishvara* ist ohne Form und hat doch alle Formen, ist ohne Eigenschaften und hat doch alle Eigenschaften. Als menschliche Wesen müssen wir die Dreifaltigkeit der Existenz – Gott, Mensch, Natur – sehen. Wir können nicht anders.

Aber für den *Bhakta* sind all diese philosophischen Unterscheidungen nur leeres Gerede. Er kümmert sich nicht um Argumente, er argumentiert nicht, er „spürt", er nimmt wahr. Er will sich in reiner Gottesliebe verlieren, und es gibt *Bhaktas*, die behaupten, dies sei erstrebenswerter als Befreiung, die sagen: „Ich will nicht Zucker sein. Ich will Zucker schmecken. Ich will den Geliebten lieben und genießen."

Im *Bhakti-Yoga* ist das erste Wesentliche, Gott ehrlich und intensiv zu wollen. Wir wollen alles außer Gott, denn unsere gewöhnlichen Wünsche werden von der äußeren Welt erfüllt. Solange sich unsere Bedürfnisse auf die Grenzen des physischen Universums beschränken, verspüren wir kein Bedürfnis nach Gott. Erst wenn wir in unserem Leben harte Schläge erlitten haben und von allem hier enttäuscht sind, verspüren wir das Bedürfnis nach etwas Höherem. Dann suchen wir Gott.

Bhakti ist nicht destruktiv. Sie lehrt, dass alle unsere Fähigkeiten zu Mitteln werden können, um die Erlösung zu erreichen. Wir müssen sie alle auf Gott ausrichten und Ihm jene Liebe schenken, die normalerweise an die flüchtigen Objekte der Sinne verschwendet wird.

Bhakti unterscheidet sich von eurer westlichen Vorstellung von Religion dadurch, dass sie keine Elemente der Angst zulässt, kein Wesen, das beschwichtigt oder besänftigt werden muss. Es gibt sogar *Bhaktas*, die Gott wie ihr eigenes Kind verehren, so dass nicht einmal ein Gefühl der Ehrfurcht oder Verehrung übrig bleibt. In wahrer Liebe kann es keine Angst geben, und solange es die geringste Angst gibt, kann *Bhakti* nicht einmal beginnen. In *Bhakti* gibt es auch keinen Platz fürs Betteln oder Feilschen mit Gott. Die Idee, Gott um etwas zu bitten, ist für einen *Bhakta* ein Sakrileg. Er wird nicht um Gesundheit oder Reichtum beten oder gar darum, in den Himmel zu kommen.

Wer Gott lieben will, ein *Bhakta* sein will, muss all diese Wünsche bündeln, sie vor der Tür lassen und dann eintreten. Wer in das Reich des Lichts eintreten will, muss alles Verhandeln mit Gott bündeln und wegwerfen, bevor er das Tor passieren kann. Es ist nicht so, dass man nicht bekommt, worum man betet. Man bekommt alles, aber es ist eine niedrige, vulgäre, eine Bettlerreligion. „Töricht ist derjenige, der an den Ufern des Ganges lebt und einen kleinen Brunnen gräbt, um Wasser zu holen. Töricht ist in der Tat der Mann, der, wenn er zu einer Diamantenmine kommt, nach Glasperlen zu suchen beginnt."

Diese Gebete um Gesundheit, Reichtum und materiellen Wohlstand sind keine *Bhakti*. Sie sind die niedrigste Form von *Karma*. *Bhakti* ist eine höhere Sache. Wir streben danach, in die Gegenwart des Königs der Könige zu kommen. Wir können nicht in der Kleidung eines Bettlers dorthin gelangen. Wenn wir zu einem Kaiser gehen wollten, würden wir dann in den Lumpen eines Bettlers eingelassen werden? Sicherlich nicht. Der Lakai würde uns am Tor vertreiben. Dies ist der Kaiser der Kaiser, und niemals können wir in der Kleidung eines Bettlers vor Ihn treten. Kaufleute haben dort keinen Zutritt, kaufen und verkaufen geht dort überhaupt nicht. In der Bibel liest man, dass Jesus die Käufer und Verkäufer aus dem Tempel vertrieben hat.

Es versteht sich also von selbst, dass die erste Aufgabe, ein *Bhakta* zu werden, darin besteht, alle Wünsche nach dem Himmel und so weiter aufzugeben. Ein solcher Himmel wäre wie dieser Ort, diese Erde, nur ein wenig besser. Die christliche Vorstellung vom Himmel ist ein Ort des gesteigerten Genusses. Wie kann das Gott sein? Der Wunsch, in den Himmel zu kommen, ist ein Wunsch nach Genuss. Das muss aufgegeben werden. Die Liebe des *Bhakta* muss absolut rein und selbstlos sein und darf weder hier noch im Jenseits etwas für sich selbst wollen.

„Gib das Verlangen nach Vergnügen und Schmerz, Gewinn oder Verlust auf und verehre Gott Tag und Nacht. Kein Augenblick darf vergeblich verloren gehen."

„Wenn alle anderen Gedanken aufgegeben werden, verehrt der Geist Tag und Nacht Gott. Dadurch, dass Er Tag und Nacht angebetet wird, offenbart Er sich Seinem Verehrer und lässt Sich von ihm spüren."

Donnerstag, 1. August 1895

Der wahre Guru ist derjenige, von dem wir spirituell abstammen. Er ist der Kanal, durch den der geistige Strom zu uns fließt, das Glied, das uns mit der gesamten geistigen Welt verbindet. Zu viel Glaube an die Persönlichkeit hat die Tendenz, Schwäche und Götzendienst zu erzeugen, aber intensive Liebe zum Guru ermöglicht schnelles Wachstum, denn er verbindet uns mit dem inneren Guru. Verehre deinen Guru, wenn in ihm wirkliche Wahrheit ist. Diese Guru-*Bhakti* (Hingabe an den Lehrer) wird dich schnell zum Höchsten führen.

Sri Ramakrishnas Reinheit war die eines Babys. Er hat in seinem Leben nie Geld angefasst, und die Lust war in ihm absolut ausgelöscht. Gehe nicht zu großen religiösen Lehrern, um Naturwissenschaft zu lernen, denn ihre ganze Energie ist in das Spirituelle geflossen. Bei Sri Ramakrishna Paramahamsa war der Mensch ganz tot, und nur Gott blieb übrig. Er konnte tatsächlich keine Sünde sehen. Seine Augen waren buchstäblich „zu rein, um Unrecht zu sehen". Die Welt wird durch die Reinheit dieser wenigen *Paramahamsas* (Mönche der höchsten Ordnung) zusammengehalten. Wenn sie alle aussterben und die Welt verlassen würden, würde sie zerbrechen. Sie tun Gutes, indem sie einfach sind, und sie wissen es nicht. Sie existieren einfach.

Bücher suggerieren das innere Licht und die Methode, es zum Vorschein zu bringen, aber wir können sie nur verstehen, wenn wir das Wissen erworben haben. Wenn das innere Licht sich für dich entzündet hat, lass die Bücher los und schau nur nach innen. Du hast alles in dir und tausendmal mehr, als in allen Büchern steht. Verliere nie den Glauben an dich selbst. Du kannst alles in diesem Universum erreichen. Werde niemals schwach. Alle Macht liegt bei dir.

Wenn Religion und Leben von Büchern oder von der Existenz irgendeines Propheten abhängen, dann sollen alle Religionen und Bücher untergehen! Die Religion ist in uns. Keine Bücher oder Lehrer können mehr tun, als uns zu helfen, sie zu finden, und auch ohne sie können wir alle Wahrheit in uns finden. Sei für Bücher und Lehrer dankbar, ohne dich an sie zu binden, und verehre deinen Guru als Gott, aber gehorche ihm nicht blindlings. Liebe ihn so viel du willst, aber denke selbst. Kein blinder Glaube kann dich retten. Arbeite an deiner eigenen Rettung. Hab nur eine Vorstellung von Gott – dass Er der ewige Helfer ist.

Freiheit und höchste Liebe müssen zusammengehen. Dann kann beides nicht zur Knechtschaft werden. Wir können Gott nichts geben. Er gibt uns alles. Er ist der Guru der Gurus. Dann stellen wir fest, dass Er die „Seele unserer Seelen" ist, unser eigenes Selbst. Kein Wunder, dass wir Ihn lieben, Er ist die Seele unserer Seelen. Wen oder was können wir sonst lieben? Wir wollen die „stetige Flamme sein, die ohne Hitze und ohne Rauch brennt". Wem kannst du Gutes tun, wenn du nur Gott siehst? Du kannst Gott nichts Gutes tun! Alle Zweifel verschwinden, alles ist „Gleichheit". Wenn du überhaupt etwas Gutes tust, tust du es für dich selbst. Du fühlst, dass der Empfänger der Höhere ist. Du dienst dem anderen, weil du niedriger bist als er, nicht weil er niedrig ist und du hoch bist. Gib, wie die Rose Duft verströmt, denn es ist ihr Wesen und ihr selbst unbewusst.

Der große hinduistische Reformer Raja Ram Mohan Roy war ein wunderbares Beispiel für diese selbstlose Arbeit. Er widmete sein ganzes Leben der Hilfe für Indien. Er war es, der der Witwenverbrennung ein Ende setzte. Gewöhnlich wird angenommen, dass diese Reform ausschließlich den Engländern zu verdanken sei, aber es war Raja Ram Mohan Roy, der die Bewegung gegen diesen Brauch ins Leben rief und es schaffte, die Unterstützung der Regierung zu erhalten, um ihn zu unterbinden. Vor ihm hatten die Engländer in dieser Sache nichts unternommen. Er gründete auch die wichtige religiöse Gesellschaft der *Brahmo-Samaj* und spendete hunderttausend Dollar für die Gründung einer Universität. Dann zog er sich zurück und sagte den anderen, sie sollten ohne ihn weitermachen. Er kümmerte sich weder um Ruhm noch um Ergebnisse für sich selbst.

Donnerstagnachmittag

Es gibt endlose Reihen von Manifestationen, wie ein „Karussell", auf dem die Seelen sozusagen rotieren. Das geht ewig so weiter. Einzelne Seelen steigen aus, aber die Ereignisse wiederholen sich ewig, und so kann man seine Vergangenheit und Zukunft lesen, weil alles wirklich gegenwärtig ist. Wenn die Seele Glied einer bestimmten Kette ist, muss sie durch die Erfahrungen dieser Kette gehen. Die Seelen wandern von einer Serie zur anderen.

Aus einigen entkommen sie für immer, indem sie erkennen, dass sie *Brahman* sind. Wenn man ein herausragendes Ereignis in einer Kette erfasst und daran festhält, kann man die ganze Kette heranziehen und lesen. Diese Macht ist leicht zu erlangen, aber sie ist von keinem wirklichen Wert, und sie zu praktizieren, nimmt uns so viel von unseren geistigen Kräften. Gehe diesen Dingen nicht nach, betet Gott an.

Freitag, 2. August 1895

Nishtha (Hingabe an ein Ideal) ist der Beginn der Verwirklichung. „Sauge den Honig aus allen Blüten. Sitze da und sei freundlich zu allen. Zolle allen Ehrerbietung. Sage zu allen: ‚Ja, Bruder, ja, Bruder‘, aber bleibe fest auf deinem eigenen Weg." Eine höhere Stufe ist es, tatsächlich die Position des anderen einzunehmen. Wenn ich alles bin, warum kann ich dann nicht wirklich und aktiv mit meinem Bruder mitfühlen und mit seinen Augen sehen? Solange ich schwach bin, muss ich an einem Weg (*Nishtha*) festhalten, aber wenn ich stark bin, kann ich mit jedem anderen mitfühlen und mit seinen Ideen vollkommen sympathisieren.

Die alte Idee war: „Entwickle eine Idee auf Kosten aller anderen. Der moderne Weg ist die „harmonische Entwicklung". Ein dritter Weg besteht darin, „den Geist zu entwickeln und zu kontrollieren", und ihn dann dorthin zu bringen, wo man ihn haben will. Das Ergebnis wird schnell kommen. Dies ist die wahrhaftigste Art, sich zu entwickeln. Lerne Konzentration und setze sie in jeder Richtung ein. So verlierst du nichts. Wer das Ganze bekommt, muss auch die Teile haben. Der Dualismus ist im *Advaita* (Monismus) enthalten.

„Ich sah ihn zuerst, und er sah mich. Ein Strahl der Augen ging von mir zu ihm und von ihm zu mir."

Das ging so weiter, bis die beiden Seelen so eng miteinander verbunden waren, dass sie tatsächlich eins wurden.

Es gibt zwei Arten von *Samadhi* – ich konzentriere mich auf mich selbst, dann konzentriere ich mich [tiefer], und so entsteht eine Einheit von Subjekt und Objekt.

Man muss in der Lage sein, mit jedem Einzelnen voll mitzufühlen, um dann sofort zum höchsten Monismus zurückzukehren. Nachdem du dich vervollkommnet hast, beschränkst du dich freiwillig. Lege deine ganze Kraft in jede Handlung. Sei fähig, für eine Weile ein Dualist zu werden und *Advaita* zu vergessen, aber es nach Belieben wieder aufzugreifen.

* * *

Ursache und Wirkung sind alle *Maya*, und wir werden verstehen lernen, dass alles, was wir sehen, so unzusammenhängend ist, wie uns die Kindermärchen jetzt erscheinen. So etwas wie Ursache und Wirkung gibt es in Wirklichkeit nicht, und wir werden es erkennen. Wenn du kannst, dann stell deine Verstandeskraft zurück, um jedes Sinnbild durch deinen Geist ziehen zu lassen, ohne den Zusammenhang zu hinterfragen. Entwickle Liebe zu Bildern und schöner Poesie und genieße dann alle Mythologien als Poesie. Kümmere dich nicht um die Geschichte und Argumentation zur Mythologie. Lass sie wie einen Strom durch deinen Geist fließen, lass sie wie eine Kerze vor deinem Augen herumwirbeln, ohne zu fragen, wer die Kerze hält, und du wirst den Kreis gewahren. Der Wahrheitsgehalt wird in deinem Geist bleiben.

Die Verfasser der Mythologien schrieben in Symbolen, was sie sahen und hörten, sie malten fließende Bilder. Versuche nicht, die Themen herauszupicken und damit die Bilder zu zerstören. Nimm sie, wie sie sind, und lass sie auf dich wirken. Beurteile sie nur nach der Wirkung, und hole das Gute aus ihnen heraus.

* * *

Dein eigener Wille ist das Einzige, was dein Gebet erhört, nur erscheint er jedem Verstand unter dem Deckmantel verschiedener religiöser Vorstellungen. Wir mögen ihn Buddha, Jesus, *Krishna*, Jehova, Allah, *Agni* (Gott des Feuers) nennen, aber es ist nur das Selbst, das „Ich".

Vorstellungen entfalten sich, aber es gibt keinen historischen Wert in den Sinnbildern, die sie darstellen. Die Visionen von Moses sind mit größerer Wahrscheinlichkeit falscher als die unseren, denn wir haben mehr Wissen und lassen uns weniger leicht von Illusionen täuschen.

Bücher sind für uns nutzlos, bis sich unser eigenes Buch öffnet. Dann sind alle anderen Bücher gut, soweit sie unser Buch bestätigen. Es ist der Starke, der die Stärke versteht, es ist der Elefant, der den Löwen versteht, nicht die Ratte. Wie können wir Jesus verstehen, wenn wir ihm nicht ebenbürtig sind?

Es ist nur ein Traum, fünftausend mit zwei Broten zu speisen oder zwei mit fünf Broten. Keines von beiden ist real, und keines beeinflusst das andere. Nur die Größe schätzt die Größe, nur Gott erkennt Gott. Der Traum ist nur der Träumer. Er hat keine andere Grundlage. Er ist nicht eine Sache und der Träumer eine andere. Der Grundton, der sich durch die Musik zieht, ist: „Ich bin Er, ich bin Er". Alle anderen Noten sind nur Variationen und berühren das eigentliche Thema nicht. Wir sind die lebendigen Bücher, und die Bücher sind nur die Worte, die wir gesprochen haben. Alles ist der lebendige Gott, der lebendige Christus. Sieh es als solches. Lies den Menschen. Er ist das lebendige Gedicht. Wir sind das Licht, das alle Bibeln, Christusse und Buddhas, die es je gab, erhellt. Ohne das wären sie für uns tot, nicht lebendig.

Stehe in deinem eigenen Selbst.

Der tote Körper nimmt nichts übel. Töten wir ihn und hören wir auf, uns mit ihm zu identifizieren.

Samstag, 3. August 1895

Menschen, die in diesem Leben Freiheit erlangen wollen, müssen in einem Leben Tausende von Jahren leben. Sie müssen ihrer Zeit voraus sein. Aber die Massen können nur kriechen. So haben wir Christusse und Buddhas.

Es war einmal eine Hindu-Königin, die sich so sehr wünschte, dass alle ihre Kinder in diesem Leben die Freiheit erlangen sollten, dass sie sich selbst um sie kümmerte. Und wenn sie sie in den Schlaf wiegte, sang sie ihnen immer das eine Lied vor: „*Tat tvam asi, Tat tvam asi.*" („Das bist du, das bist du.") Drei von ihnen wurden *Sannyasins*, aber der vierte wurde weggebracht, um woanders zu einem König erzogen zu werden. Als er das Haus verließ, gab ihm die Mutter ein Blatt Papier mit, das er lesen sollte, wenn er zum Manne herangewachsen war. Auf dem Zettel stand: „Gott allein ist wahr. Alles andere ist falsch. Die Seele tötet nicht und wird nicht getötet. Lebe allein oder in der Gesellschaft von Heiligen." Als der junge Prinz dies las, entsagte auch er sofort der Welt und wurde ein *Sannyasin*.

Gebt auf. Sagt euch von der Welt los. Jetzt sind wir wie Hunde, die sich in eine Küche verirrt haben, ein Stück Fleisch fressen und sich ängstlich umschauen, ob nicht jeden Moment jemand kommt und sie vertreibt. Sei stattdessen ein König und wisse, dass dir die Welt gehört. Das stellt sich nicht ein, bis du sie aufgibst und sie aufhört, dich zu binden. Gib geistig auf, wenn du es nicht körperlich tust. Gib aus dem Innersten deines Herzens auf. Hab *Vairagya* (Entsagung). Dies ist das wahre Opfer, und ohne es ist es unmöglich, Spiritualität zu erlangen. Begehre nicht, denn was du begehrst, bekommst du, und damit wirst du gefesselt. Es bringt uns nur „Nasen", wie im Fall des Mannes, der um drei Wünsche bitten durfte.[1] Wir werden niemals frei werden, solange wir selbstbestimmt sind. „Das Selbst ist der Retter des Selbst, niemand sonst."

Lerne, dich in andere Körper einzufühlen, um zu wissen, dass wir alle eins sind. Schlage dir allen Unsinn aus dem Kopf. Wirf deine Taten von dir, ob gute oder schlechte, und denk nie wieder daran. Was getan ist, ist getan. Wirf den Aberglauben ab. Hab keine Schwäche, selbst nicht im Angesicht des Todes. Bereue nicht, grüble nicht über vergangene Taten und erinnere dich nicht an deine guten Taten. Sei *Azad* (frei). Die Schwachen, die Ängstlichen, die Unwissenden werden *Atman* nie erreichen. Du kannst es nicht ungeschehen machen. Die Wirkung muss sich einstellen. Stelle dich ihr, aber achte darauf, dass du nie wieder dasselbe tust. Gib die Last aller Taten dem Herrn. Gib Ihm alles, sowohl das Gute als auch das Schlechte. Behalte nicht das Gute und gib Ihm nur das Schlechte. Gott hilft denen, die sich nicht selbst helfen.

---

[1] Ein armer Mann konnte einmal einen bestimmten Gott besänftigen. Dieser gewährte ihm drei Wünsche, die er mit dreimaligem Würfeln erbitten konnte. Der glückliche Mann teilte diese Nachricht seiner Frau mit, die ihm sagte, er solle zuerst um Reichtum würfeln. Der Mann meinte aber: „Wir haben beide sehr hässliche kleine Nasen, für die uns die Leute auslachen. Lass uns zuerst um schöne Adlernasen würfeln." Aber die Frau war zuerst für Reichtum, und so ergriff sie seine Hand, um ihn am Würfeln zu hindern. Der Mann entriss ihr hastig seine Hand, würfelte und rief: „Wir wollen beide schöne Nasen haben und nichts als Nasen." Auf einmal waren beide Körper mit vielen schönen Nasen bedeckt, aber sie erwiesen sich als so lästig, dass beide übereinstimmten, ein zweites Mal zu würfeln und um ihre Entfernung zu bitten. Es wurde getan, aber sie verloren dadurch auch ihre eigenen kleinen Nasen. Es blieb noch ein Wunsch übrig. Nachdem sie ihre Nasen verloren hatten, sahen sie noch hässlicher aus als zuvor. Sie wollten zwei schöne Nasen haben, aber sie fürchteten, dass man sie über ihre Verwandlung fragen würde. Um nicht von allen als zwei große Narren angesehen zu werden, die ihre Lage auch mit Hilfe von drei Wünschen nicht ändern konnten, kamen sie überein, ihre hässlichen Nasen zurückzuwünschen, und es wurde entsprechend gewürfelt.

„Die Welt wird verrückt, weil sie aus dem Kelch der Begierde trinkt." Tag und Nacht kommen nie zusammen. Genauso wenig können das Verlangen und der Herr zusammenkommen. Gib das Verlangen auf.

* * *

Es ist ein großer Unterschied, ob man „Nahrung, Nahrung" sagt und sie isst oder ob man „Wasser, Wasser" sagt und es trinkt. Wenn wir also nur die Worte „Gott, Gott" wiederholen, können wir nicht hoffen, Verwirklichung zu erlangen. Wir müssen uns bemühen und praktizieren.

Nur wenn die Welle ins Meer zurückfällt, kann sie unbegrenzt werden. Niemals kann sie es als Welle sein. Nachdem sie dann zum Meer geworden ist, kann sie wieder zur Welle werden, und zwar so groß, wie sie will. Hör auf, dich mit Falschem zu identifizieren, und wisse: du bist frei.

Wahre Philosophie systematisiert bestimmte Wahrnehmungen. Der Intellekt hört dort auf, wo die Religion beginnt. Die Inspiration ist viel höher als die Vernunft, aber sie darf ihr nicht widersprechen. Die Vernunft ist das grobe Werkzeug, um die harte Arbeit zu tun. Die Inspiration ist das helle Licht, das uns die ganze Wahrheit zeigt. Der Wille, eine Sache zu tun, ist nicht unbedingt Inspiration.

Das Fortschreiten in *Maya* ist ein Kreis, der dich zum Ausgangspunkt zurückbringt. Aber du beginnst unwissend und kommst am Ende mit allem Wissen zurück. Die Verehrung Gottes, die Verehrung der Heiligen, Konzentration, Meditation und selbstlose Arbeit sind die Wege, sich aus dem Netz von *Maya* zu befreien. Aber wir müssen zuerst den starken Wunsch haben, uns zu befreien. Der Lichtblitz, der die Dunkelheit für uns erhellen wird, ist in uns. Es ist das Wissen, das unser Wesen ist. Es gibt kein „Geburtsrecht". Wir wurden nie geboren. Alles, was wir tun müssen, ist, die Wolken, die es verdecken, zu vertreiben.

Gib jedes Verlangen nach irdischem oder himmlischem Vergnügen auf. Kontrolliere die Sinnesorgane und beherrsche den Geist. Ertrage jedes Elend, ohne zu wissen, dass du unglücklich bist. Denke an nichts anderes als an die Befreiung. Hab Vertrauen in den Guru, in seine Lehren und in die Gewissheit, dass du frei werden kannst. Sage *„Soham, Soham"*, was auch immer kommt. Sage dir das selbst beim Essen, beim Gehen, beim Leiden. Sage dem Geist unaufhörlich, dass das, was wir sehen, niemals existiert hat, dass es nur das „Ich" gibt. Und wie ein Blitz wird der Traum verschwinden! Denke Tag und Nacht, dieses Universum existiert nicht, nur Gott existiert. Habe den brennenden Wunsch, frei zu werden.

Alle Verwandten und Freunde sind wie „alte ausgetrocknete Brunnen". Wir fallen in sie hinein und träumen von Pflicht und Knechtschaft, und das ist endlos. Erschaffe keine Illusion, indem du jemandem hilfst. Es ist wie ein Banyan-Baum, der sich immer weiter ausbreitet. Wenn du ein Dualist bist, bist du ein Narr, wenn du versuchst, Gott zu helfen. Wenn du ein Monist bist, weißt du, dass du Gott bist. Wo findest du da Pflicht? Du hast keine Pflicht gegenüber Ehemann, Kind, Freund. Nimm die Dinge, wie sie kommen. Bleibe still, widerstehe nicht. Und wenn dein Körper dahintreibt, steig mit der Flut, fall mit der Ebbe. Lass den Körper sterben. Diese Vorstellung des Körpers ist nur eine abgenutzte Fabel. „Sei still und wisse, dass du Gott bist."

Nur die Gegenwart ist existent. Es gibt keine Vergangenheit oder Zukunft, nicht einmal in Gedanken, denn um sie zu denken, musst du sie zur Gegenwart machen. Gib alles auf und lass es treiben, wohin es will. Diese Welt ist nur eine Täuschung. Lass dich nicht mehr täuschen. Du hast sie als das erkannt, was sie nicht ist. Nun erkenne sie als das, was sie ist. Wenn der Körper irgendwohin geschleppt wird, lass ihn gehen. Kümmere dich nicht darum, wo der Körper ist. Diese tyrannische Vorstellung der Pflicht ist ein schreckliches Gift und zerstört die Welt.

Warte nicht auf Ruhe und auf eine Harfe zum Spielen. Warum nimmst du dir nicht eine Harfe und fängst sofort an zu spielen? Warum auf den Himmel warten? Mach es hier. Im Himmel gibt es keine Heirat. Warum nicht gleich anfangen und hier nichts haben? Das ockerfarbene Gewand des *Sannyasin* ist das Zeichen des Freien. Gib das Bettlerkleid der Welt auf. Trage die Fahne der Freiheit, das ockerfarbene Gewand.

Sonntag, 4. August 1895

„Den die Unwissenden anbeten, den verkünde ich dir."

Dieser eine und einzige Gott ist der bekannteste der Bekannten. Er ist das Einzige, was wir überall sehen. Alle kennen ihr eigenes Selbst, alle wissen: „Ich bin", sogar die Tiere. Alles, was wir kennen, ist die Projektion des

Selbst. Bringe dies den Kindern bei. Sie können es begreifen. Jede Religion verehrt das Selbst, wenn auch unbewusst, denn es gibt nichts anderes.

Dieses unanständige Festhalten am Leben, wie wir es hier kennen, ist die Quelle allen Übels. Es verursacht all diesen Betrug und Diebstahl. Es macht Geld zu einem Gott, und alle Laster und Ängste sind die Folge. Schätze nichts Materielles, und klammere dich nicht daran. Wenn du dich an nichts klammerst, nicht einmal an das Leben, dann gibt es keine Angst. „Derjenige geht von Tod zu Tod, der die Vielheit in dieser Welt sieht." Es kann für uns keinen physischen Tod und keinen geistigen Tod geben, wenn wir sehen, dass alles eins ist. Alle Körper sind mein. So ist auch der Körper ewig, denn der Baum, das Tier, die Sonne, der Mond, das Universum selbst ist mein Körper. Wie kann er dann sterben? Jeder Geist, jeder Gedanke ist mein. Wie kann dann der Tod kommen? Das Selbst wird nie geboren und stirbt nie. Wenn wir dies erkennen, verschwinden alle Zweifel. „Ich bin, ich weiß, ich liebe" – das kann niemals bezweifelt werden. Es gibt keinen Hunger, denn alles, was gegessen wird, wird von mir gegessen. Wenn ein Haar ausfällt, denken wir nicht, dass wir sterben. Wenn also ein Körper stirbt, ist es nur ein Haar, das ausfällt.

Das Überbewusstsein ist Gott, ist jenseits der Sprache, jenseits der Gedanken, jenseits des Bewusstseins. Es gibt drei Zustände: den tierischen (*Tamas*), den menschlichen (*Rajas*) und den göttlichen (*Sattva*). Diejenigen, die den höchsten Zustand erreichen, existieren einfach. Dort stirbt die Pflicht. Sie lieben nur und ziehen andere wie ein Magnet zu sich. Das ist Freiheit. Man tut keine moralischen Handlungen mehr, aber was immer man tut, ist moralisch. Der *Brahmavit* (Gottkenner) ist höher als alle Götter. Die Engel kamen, um Jesus zu verehren, als er die Täuschung besiegt und gesagt hatte: „Hebe dich weg von mir, Satan." Einem *Brahmavit* kann niemand helfen. Das Universum selbst verneigt sich vor ihm. Jeder seiner Wünsche wird erfüllt. Sein Geist reinigt andere. Deshalb verehrt den *Brahmavit*, wenn ihr das Höchste erreichen wollt. Wenn wir die drei großen „Geschenke Gottes" haben – einen menschlichen Körper, den intensiven Wunsch, frei zu sein, und die Hilfe einer großen Seele, die uns den Weg zeigt – dann ist uns die Befreiung sicher. *Mukti* ist unser.

* * *

Der Tod des Körpers für immer ist *Nirvana*. Es ist die negative Seite, die sagt: „Ich bin nicht dies, noch dies, noch das." *Vedanta* geht einen Schritt weiter und behauptet die positive Seite – *Mukti* oder Freiheit: „Ich bin die absolute Existenz, das absolute Wissen, die absolute Glückseligkeit, ich bin Er." Das ist *Vedanta*, der Schlussstein des vollkommenen Bogens.

Die große Mehrheit der Anhänger des nördlichen Buddhismus glaubt an *Mukti*, und sie sind in Wirklichkeit *Vedantins*. Nur die Ceylonesen nehmen *Nirvana* in der Bedeutung von völliger Auslöschung.

Kein Glaube oder Unglaube kann das „Ich" töten. Das, was mit dem Glauben kommt und mit dem Unglauben geht, ist nur Verblendung. Nichts lehrt den *Atman*. „Ich grüße mein eigenes Selbst." „Selbst-erleuchtet grüße ich mich selbst. Ich bin *Brahman*." Der Körper ist ein dunkler Raum. Wenn wir ihn betreten, wird er erleuchtet, er wird lebendig. Nichts kann jemals die Erleuchtung beeinträchtigen. Sie kann nicht zerstört werden. Sie kann bedeckt werden, aber niemals zerstört.

* * *

Gegenwärtig sollte Gott als „Mutter", die unendliche Energie, verehrt werden. Dies wird zu Reinheit führen, und eine enorme Energie wird hier in Amerika entstehen. Hier belasten uns keine Tempel. Niemand leidet wie in den ärmeren Ländern. Die Frau hat seit Äonen gelitten, und das hat ihr unendliche Geduld und unendliches Durchhaltevermögen gegeben. Sie hält an einer Idee fest. Das ist es, was sie zur Stütze selbst abergläubischer Religionen und der Priester in jedem Land macht, und das ist es, was sie befreien wird. Wir müssen *Vedantins* werden und diesen großen Gedanken leben. Die Massen müssen ihn begreifen, und das kann nur im freien Amerika geschehen. In Indien wurden diese Ideen von Einzelpersonen wie Buddha, *Shankara* und anderen hervorgebracht, aber sie fand keinen Eingang bei den Massen. Der neue Zyklus muss sehen, dass die Massen *Vedanta* leben, und das muss durch die Frauen geschehen.

„Bewahrt die geliebte schöne Mutter mit aller Sorgfalt im Innersten eures Herzens."

„Werft alles weg, außer der Zunge. Bewahrt sie, um zu sagen: ‚Mutter, Mutter!'"

„Lass keine bösen Ratgeber in dich ein. Nur du und ich, mein Herz, wollen die Mutter sehen."

„Du bist jenseits von allem, was lebt!"

„Mond meines Lebens, Seele meiner Seele!"

Sonntagnachmittag

Der Geist ist ein Werkzeug in der Hand des *Atman*, so wie der Körper ein Werkzeug in der Hand des Geistes ist. Materie ist Bewegung nach außen. Geist ist Bewegung nach innen. Alle Veränderung beginnt und endet in der Zeit. Wenn der *Atman* unveränderlich ist, muss er vollkommen sein. Wenn er vollkommen ist, muss er unendlich sein. Und wenn er unendlich ist, kann er nur einer sein. Es kann nicht zwei Unendlichkeiten geben. Also kann der *Atman*, das Selbst, nur eines sein. Obwohl es vielfältig zu sein scheint, ist es wirklich nur eines. Wenn ein Mensch auf die Sonne zugehen würde, würde er bei jedem Schritt eine andere Sonne sehen, und doch wäre es letztendlich dieselbe Sonne.

Asti, das „Sein", ist die Grundlage aller Einheit. Und sobald die Grundlage gefunden ist, folgt die Vollkommenheit. Wenn alle Farben in eine einzige Farbe aufgelöst werden könnten, würde die Malerei aufhören. Die vollkommene Einheit ist die Ruhe. Wir beziehen alle Erscheinungen auf das eine Sein. Taoisten, Konfuzianer, Buddhisten, Hindus, Juden, Moslems, Christen und Zoroastrier haben alle die goldene Regel gepredigt, und zwar mit fast den gleichen Worten. Aber nur die Hindus haben sie begründet, weil sie den Grund sahen: Der Mensch muss andere lieben, weil diese anderen er selbst ist. Es gibt nur einen.

Von allen großen religiösen Lehrern, die die Welt gekannt hat, sind nur Laotse, Buddha und Jesus über die goldene Regel hinausgegangen und haben gesagt: „Tut euren Feinden Gutes.", „Liebt die, die euch hassen."

Prinzipien existieren. Wir erschaffen sie nicht, wir entdecken sie nur. Religion besteht einzig und allein in der Verwirklichung. Lehren sind Methoden, keine Religion. Alle verschiedenen Religionen sind nur Anwendungen der einen Religion, angepasst an die Bedürfnisse der verschiedenen Nationen. Theorien führen nur zum Kampf. So war der Name Gottes, der Frieden bringen sollte, die Ursache für die Hälfte des Blutvergießens in der Welt. Gehe zur direkten Quelle. Frage Gott, was Er ist. Wenn Er nicht antwortet, ist Er nicht. Aber jede Religion lehrt, dass Er antwortet.

Hast du selbst etwas zu sagen? Wie könntest du sonst eine Vorstellung davon haben, was andere gesagt haben? Klammere dich nicht an alten Aberglauben, sondern sei immer bereit für neue Wahrheiten. „Töricht sind die, die brackiges Wasser aus einem Brunnen trinken wollen, den ihre Vorfahren gegraben haben, und nicht reines Wasser aus einem Brunnen, den andere gegraben haben." Solange wir Gott nicht selbst erkennen, können wir nichts über Ihn wissen.

Jeder Mensch ist von Natur aus vollkommen. Die Propheten haben diese Vollkommenheit offenbart, aber sie ist in uns potenziell vorhanden. Wie können wir verstehen, dass Moses Gott gesehen hat, wenn wir Ihn nicht auch sehen? Wenn Gott jemals zu jemandem gekommen ist, wird Er auch zu mir kommen. Ich werde direkt zu Gott gehen und Ihn zu mir sprechen lassen. Ich kann den Glauben nicht als Grundlage nehmen. Das ist Atheismus und Blasphemie. Wenn Gott vor zweitausend Jahren in der Wüste Arabiens zu einem Menschen sprach, kann Er auch heute zu mir sprechen. Wie kann ich sonst wissen, dass Er nicht gestorben ist? Komm zu Gott, wie auch immer es dir möglich ist. Komm einfach. Aber wenn du kommst, dann stoße niemanden nieder.

Die Wissenden müssen Mitleid mit den Unwissenden haben. Wer weiß, ist bereit, seinen Körper sogar für eine Ameise aufzugeben, denn er weiß, dass der Körper nichts ist.

Montag, 5. August 1895

Die Frage ist: Ist es notwendig, alle niederen Stufen zu durchlaufen, um die höchste zu erreichen, oder kann man den Sprung auf einmal wagen? Der moderne amerikanische Junge braucht fünfundzwanzig Jahre, um das zu erreichen, wofür seine Vorväter Hunderte von Jahren brauchten. Der heutige Hindu erreicht in zwanzig Jahren die Höhe, die seine Vorfahren in achttausend Jahren erreicht haben. Auf der physischen Seite entwickelt sich der Embryo im Mutterleib von der Amöbe bis zum Menschen. Dies sind die Lehren der modernen Wissenschaft. *Vedanta* geht noch weiter und sagt uns, dass wir nicht nur das Leben der gesamten vergangenen Menschheit leben müssen, sondern auch das zukünftige Leben der gesamten Menschheit. Der

Mensch, der das erste tut, ist der gebildete Mensch, der zweite ist der *Jivanmukta*, der für immer frei ist (auch während des irdischen Lebens).

Die Zeit ist lediglich das Maß unserer Gedanken, und da die Gedanken unvorstellbar schnell sind, gibt es keine Begrenzung für die Geschwindigkeit, mit der wir das vor uns liegende Leben leben können. Es lässt sich also nicht sagen, wie lange es dauern würde, das gesamte zukünftige Leben zu leben. Es könnte in einer Sekunde sein, oder es könnte fünfzig Lebenszeiten dauern. Es hängt von der Intensität des Wunsches ab. Die Lehre muss daher je nach den Bedürfnissen der Belehrten modifiziert werden. Das verzehrende Feuer ist für alles bereit. Selbst Wasser und Eisbrocken vergehen schnell. Schießt man mit Vogelschrot, so wird wenigstens etwas davon treffen. Gib einem Menschen eine große Auswahl von Wahrheiten, und er wird sofort das nehmen, was für ihn geeignet ist. Frühere Leben haben unsere Neigungen geformt. Gib dem Gelehrten das, was seiner Neigung entspricht. Intellektuell, mystisch, hingebungsvoll, praktisch – nimm eines davon zur Grundlage, und lehre die anderen damit. Der Intellekt muss mit der Liebe ausgeglichen werden, die mystische Natur mit der Vernunft, während die Praxis Teil jeder Methode sein muss. Nimm jeden, wo er steht, und treib ihn voran. Der Religionsunterricht muss immer konstruktiv und nicht destruktiv sein.

Jede Neigung zeigt das Lebenswerk der Vergangenheit, die Linie oder den Radius, auf dem sich dieser Mensch bewegen muss. Alle Radien führen zum Zentrum. Versuche niemals, die Neigung eines Menschen zu beeinträchtigen. Das wirft sowohl den Lehrer als auch den Schüler zurück. Wenn du *Jnana* lehrst, musst du ein *Jnani* werden und geistig genau dort stehen, wo der Schüler steht. Ähnlich verhält es sich bei jedem anderen Yoga. Entwickle jede Fähigkeit so, als wäre sie die einzige, die du besitzt. Das ist das wahre Geheimnis der sogenannten harmonischen Entwicklung. Das heißt Extensität mit Intensität, aber nicht die eine auf die Kosten der anderen. Wir sind unendlich. Wir können so intensiv sein wie der hingebungsvollste Moslem und so weit wie der stürmischste Atheist.

Der Weg dorthin ist, den Geist nicht auf ein bestimmtes Thema zu konzentrieren, sondern ihn zu entwickeln und zu kontrollieren. Dann kann man ihn auf jede beliebige Seite lenken. So behältst du die Intensität und Weite. Fühle *Jnana*, als wäre es das Einzige, was es gibt. Dann mache dasselbe mit

Bhakti, *Raja* und mit *Karma*. Gib die Wellen auf und geh zum Meer. Dann kannst du die Wellen haben, wenn du willst. Beherrsche den „See" deines eigenen Geistes. Sonst kannst du den See des Geistes eines anderen nicht verstehen.

Der wahre Lehrer ist jemand, der fähig ist, sich völlig auf die Neigung des Schülers einzustellen. Ohne wirkliche Sympathie können wir niemals gut lehren. Gib die Vorstellung auf, dass der Mensch ein verantwortliches Wesen ist. Nur der vollkommene Mensch ist verantwortlich. Die Unwissenden haben tief aus dem Kelch der Verblendung getrunken und sind nicht zurechnungsfähig. Ihr, die ihr wisst, müsst unendlich viel Geduld mit ihnen haben. Habt nichts als Liebe für sie, und findet die Krankheit heraus, die sie die Welt in einem falschen Licht sehen lässt. Dann helft ihnen, sie zu heilen und richtig zu sehen. Denkt immer daran, dass nur die Freien einen freien Willen haben. Alle anderen sind in Knechtschaft und nicht verantwortlich für das, was sie tun. Der Wille als solcher ist gebunden. Wenn das Wasser auf dem Gipfel des Himalaya schmilzt, ist es frei, aber wenn es zum Fluss wird, ist es durch die Ufer beschränkt. Doch der ursprüngliche Impuls trägt es zum Meer, und es gewinnt seine Freiheit zurück. Das erste ist der „Sündenfall", das zweite die „Auferstehung". Kein einziges Atom kann ruhen, bevor es nicht seine Freiheit gefunden hat.

Manche Vorstellungen helfen, die Fesseln der anderen zu sprengen. Das ganze Universum ist Einbildung, aber eine Gruppe von Einbildungen heilt eine andere. Diejenigen, die uns sagen, dass es Sünde, Leid und Tod in der Welt gibt, sind schrecklich. Aber die andere Gruppe, die immer sagt: „Ich bin heilig. Es gibt Gott. Es gibt kein Leid" ist gut und hilft, die Fesseln der anderen zu zerbrechen. Die höchste Vorstellung, die alle Glieder der Kette zerbrechen kann, ist die des persönlichen Gottes.

„*Om Tat Sat*" ist das Einzige, was jenseits von *Maya* liegt, aber Gott existiert ewig. Solange die Niagarafälle existieren, wird auch der Regenbogen existieren, aber das Wasser fließt immer weiter. Die Niagarafälle sind das Universum, der Regenbogen ist der persönliche Gott, und beide sind ewig. Solange das Universum existiert, muss auch Gott existieren. Gott erschafft das Universum, und das Universum erschafft Gott, und beide sind ewig. *Maya* ist weder Existenz noch Nicht-Existenz. Sowohl die Niagarafälle als auch der Regenbogen sind ewig wandelbar, *Brahman* durch *Maya* gesehen.

Perser und Christen spalten *Maya* in zwei Teile und nennen die gute Hälfte „Gott" und die schlechte Hälfte den „Teufel". *Vedanta* nimmt *Maya* als Ganzes und erkennt eine Einheit jenseits davon – *Brahman*.

Mohammed meinte, das Christentum habe sich von der semitischen Herde entfernt. Mit seiner Lehre wollte er zeigen, was das Christentum als semitische Religion sein sollte, nämlich dass es sich an einen Gott halten sollte. Die arische Vorstellung, „ich und mein Vater sind eins", empörte und erschreckte ihn. In Wirklichkeit war die Vorstellung der Dreifaltigkeit ein großer Fortschritt gegenüber der dualistischen Vorstellung von Jehova, der für immer vom Menschen getrennt war.

Die Theorie der Inkarnation ist das erste Glied in der Kette von Ideen, die zur Anerkennung der Einheit von Gott und Mensch führt. Gott, der zunächst in einer menschlichen Gestalt erscheint, dann zu verschiedenen Zeiten in anderen menschlichen Gestalten wieder erscheint, wird schließlich als in jeder menschlichen Gestalt oder in allen Menschen vorhanden anerkannt. Monistisch ist die höchste Stufe, monotheistisch ist eine niedrigere Stufe. Die Vorstellungskraft wird dich noch schneller und leichter zur höchsten Stufe führen als das Denken.

Einige wenige mögen hervorstechen, allein für Gott leben und die Religion für die Welt retten. Gib nicht vor, wie *Janaka* zu sein, wenn du nur der „Stammvater" der Täuschungen bist. (*Janaka* bedeutet „Stammvater". Er war zwar um seines Volkes willen noch König, aber geistig hatte er alles aufgegeben.) Sei ehrlich und sage: „Ich sehe das Ideal, aber ich kann mich ihm noch nicht nähern." Aber gib nicht vor, alles aufgegeben zu haben, wenn du es nicht getan hast. Hast du alles aufgegeben, bleibe standhaft. Wenn hundert im Kampf fallen, ergreife die Fahne und trage sie weiter. Gott ist wahr, ganz gleich, wer versagt. Derjenige, der fällt, soll die Fahne an einen anderen weitergeben, damit er sie weiterträgt. Sie kann niemals untergehen.

Warum soll ich unrein werden, wenn ich gewaschen und sauber bin? Suche zuerst das Himmelreich, und lass alles andere fahren. Wünsche nicht, dass etwas „hinzugefügt" wird. Sei nur froh, es loszuwerden. Gib auf und wisse, dass der Erfolg folgen wird, auch wenn du ihn nie erlebst. Jesus ließ zwölf Fischer zurück, und doch zerstörten diese wenigen das Römische Reich.

Opfere das Reinste und Beste der Erde auf Gottes Altar. Wer sich abmüht, ist besser als der, der es nie versucht. Selbst der Blick auf einen, der entsagt hat, hat eine reinigende Wirkung. Lebe für Gott. Lass die Welt gehen. Gehe keine Kompromisse ein. Gib die Welt auf, nur dann bist du vom Körper befreit. Wenn er stirbt, bist du *Azad*, frei. Sei frei. Der Tod allein kann uns niemals befreien. Die Freiheit muss durch unsere eigenen Anstrengungen während des Lebens erlangt werden. Wenn der Körper zerfällt, gibt es keine Wiedergeburt für die Freien.

Die Wahrheit muss nach der Wahrheit und nach nichts anderem beurteilt werden. Gutes zu tun ist nicht der Test für die Wahrheit. Die Sonne braucht keine Fackel, damit man sie sieht. Selbst wenn die Wahrheit das ganze Universum zerstört, so ist sie doch die Wahrheit. Stehe zu ihr.

Die konkreten Formen der Religion zu praktizieren ist einfach und zieht die Massen an. Aber in Wirklichkeit gibt es nichts Äußerliches.

„Wie die Spinne ihr Netz aus sich herauswirft und es einzieht, so wird dieses Universum von Gott ausgeworfen und eingezogen.“

Dienstag, 6. August 1895

Ohne das „Ich“ kann es kein „Du“ außerhalb geben. Daraus zogen einige Philosophen den Schluss, dass die äußere Welt nur im Subjekt existiert, dass das „Du“ nur im „Ich“ existiert. Andere haben argumentiert, dass das „Ich“ nur durch das „Du“ erkannt werden kann, und das mit gleicher Logik. Diese beiden Ansichten sind Teilwahrheiten, die jeweils zum Teil falsch und zum Teil richtig sind. Der Gedanke ist ebenso Materie und Natur wie der Körper. Sowohl die Materie als auch der Geist existieren in einem Dritten, einer Einheit, die sich in die beiden teilt. Diese Einheit ist der *Atman*, das wahre Selbst.

Es gibt ein Wesen, „X“, das sich sowohl als Geist als auch als Materie manifestiert. Seine Bewegungen im Gesehenen verlaufen entlang bestimmter fester Linien, die Gesetz genannt werden. Als eine Einheit ist es frei, als viele ist es durch Gesetze gebunden. Doch bei all dieser Gebundenheit ist eine Idee von Freiheit immer gegenwärtig, und das ist *Nivritti* oder das „Losreißen von der Anhaftung“. Die materialisierenden Kräfte, die uns durch unser Verlangen dazu bringen, aktiv an den weltlichen Angelegenheiten teilzunehmen, werden *Pravritti* genannt.

Diese Handlung ist moralisch und befreit uns von den Fesseln der Materie und umgekehrt. Diese Welt erscheint unendlich, denn alles befindet sich in einem Kreis. Es kehrt dorthin zurück, wo es herkommt. Der Kreis schließt sich. Deshalb gibt es hier an keinem Ort Ruhe oder Frieden. Wir müssen heraus. *Mukti* ist das einzige Ziel, das es zu erreichen gilt.

Das Böse ändert seine Form, bleibt sich aber gleich. In alten Zeiten herrschte Gewalt, heute ist es Gerissenheit. Das Elend in Indien ist nicht so schlimm wie in Amerika, weil hier der arme Mann den größeren Kontrast zu seinem eigenen beklagenswerten Zustand sieht.

Gut und Böse sind untrennbar miteinander verbunden, und das eine ist ohne das andere nicht zu haben. Die Gesamtsumme der Energie in diesem Universum ist wie ein See. Jeder Aufschwung führt unweigerlich zu einem entsprechenden Niedergang. Die Gesamtsumme ist absolut gleich. Wenn man also einen Menschen glücklich macht, macht man einen anderen unglücklich. Äußeres Glück ist materiell, und der Vorrat ist festgelegt, so dass nicht ein einziges Körnchen für einen Menschen zu haben ist, ohne einem anderen etwas wegzunehmen. Nur die Glückseligkeit jenseits der materiellen Welt kann ohne Verlust für irgendjemanden erlangt werden. Materielles Glück ist nur eine Umwandlung von materiellem Kummer.

Diejenigen, die im „Aufschwung" geboren werden und darin bleiben, sehen den Tiefpunkt und das, was dort ist, nicht. Denke niemals, dass du die Welt besser und glücklicher machen kannst. Der Ochse in der Ölmühle erreicht nie das Heu, das vor ihm angebunden ist. Er presst nur das Öl aus. So jagen wir dem Irrlicht des Glücks hinterher, das uns immer entgeht, treiben nur die Mühle der Natur an und sterben, um wieder neu zu beginnen. Wenn wir das Böse loswerden könnten, würden wir nie einen Blick auf etwas Höheres erhaschen. Wir wären zufrieden und würden uns nie bemühen, frei zu werden. Wenn der Mensch feststellt, dass alle Suche nach Glück in der Materie unsinnig ist, dann beginnt die Religion. Alles menschliche Wissen ist nur ein Teil der Religion.

Im menschlichen Körper ist das Gleichgewicht zwischen Gut und Böse so ausgeglichen, dass der Mensch die Möglichkeit hat, sich von beidem zu befreien.

Der Freie wurde nie gebunden. Zu fragen, wie er gebunden wurde, ist eine unlogische Frage. Wo keine Fesseln sind, gibt es keine Ursache und

Wirkung. „Ich wurde im Traum zum Fuchs, und ein Hund jagte mich." Wie kann ich nun fragen, warum der Hund mich gejagt hat? Der Fuchs war ein Teil des Traums, und der Hund folgte wie selbstverständlich, aber beide gehören zum Traum und haben keine Existenz außerhalb. Beides, Wissenschaft und Religion, sind Versuche, uns aus der Knechtschaft zu helfen. Nur ist die Religion die ältere, und wir haben den Aberglauben, dass sie die heiligere ist. In gewisser Weise ist sie das auch, denn sie macht die Moral zu einem entscheidenden Punkt, was die Wissenschaft nicht tut.

„Selig sind, die reines Herzens sind, denn sie werden Gott schauen." Dieser Satz allein würde die Menschheit retten, wenn alle Bücher und Propheten verloren gingen. Diese Reinheit des Herzens wird die Schau Gottes bringen. Sie ist das Thema der gesamten Musik dieses Universums. In der Reinheit gibt es keine Knechtschaft. Entferne die Schleier der Unwissenheit durch Reinheit, dann offenbaren wir uns, wie wir wirklich sind, und wissen, dass wir nie in Knechtschaft waren. Das Sehen von vielen ist die große Sünde der ganzen Welt. Seht alles als das Selbst, und liebt alles. Lasst alle Vorstellungen von Getrenntsein los.

Der teuflische Mensch ist wie eine Wunde ein Teil meines Körpers. Wir müssen ihn pflegen, damit sie heilt. Also pflegen und helfen wir dem teuflischen Menschen immer wieder, bis er „heilt" und wieder glücklich und gesund ist.

Solange wir auf der relativen Ebene denken, haben wir das Recht zu glauben, dass wir als Körper von relativen Dingen verletzt werden können, und ebenso, dass sie uns helfen können. Diese abstrahierte Vorstellung von Hilfe ist das, was wir Gott nennen. Die Gesamtsumme aller Ideen von Hilfe ist Gott.

Gott ist die abstrakte Verbindung von allem, was barmherzig, gut und hilfreich ist. Das sollte die einzige Vorstellung sein. Als *Atman* haben wir keinen Körper. Zu sagen: „Ich bin Gott, und Gift schadet mir nicht", ist absurd. Solange es einen Körper gibt und wir ihn sehen, haben wir Gott nicht erkannt. Kann der kleine Strudel bleiben, nachdem der Fluss verschwunden ist? Rufe um Hilfe, und du wirst sie bekommen. Und schließlich wirst du feststellen, dass derjenige, der um Hilfe schreit, verschwunden ist, ebenso wie der Helfer, und das Spiel ist vorbei. Nur das Selbst bleibt.

Wenn dies geschehen ist, komme zurück und spiele, was du willst. Dieser Körper kann dann nichts Böses mehr tun, denn erst wenn alle bösen Kräfte ausgebrannt sind, kommt die Befreiung. Alle Schlacken sind ausgebrannt, und es bleibt eine „Flamme ohne Hitze und ohne Rauch".

Der vergangene Schwung trägt den Körper weiter, aber er kann nur Gutes tun, denn das Schlechte war schon weg, bevor die Freiheit kam. Der sterbende Schächer am Kreuz erntete die Auswirkungen seiner vergangenen Handlungen. Er war ein Yogi gewesen und hatte den Weg verfehlt. Dann musste er wiedergeboren werden. Wieder glitt er ab und wurde ein Dieb. Aber das vergangene Gute, das er getan hatte, trug Früchte, und er traf Jesus in dem Moment, als die Befreiung kommen konnte, und ein Wort machte ihn frei.

Buddha befreite seinen größten Feind, weil er ihn (Buddha) so sehr hasste, dass er ständig an ihn dachte. Dieser Gedanke reinigte seinen Geist, und er wurde bereit für die Freiheit. Denke deshalb ständig an Gott. Das wird dich reinigen.

(So endeten die schönen Lehrstunden unseres geliebten Gurus. Am folgenden Montag verließ er den Thousand Island Park und kehrte nach New York zurück).

Aussprüche in Auswahl

(aus: Complete Works V)

1. Der Mensch ist geboren, um die Natur zu besiegen und nicht, um ihr zu folgen.

2. Wenn du denkst, dass du ein Körper bist, bist du vom Universum getrennt. Wenn du denkst, dass du eine Seele bist, bist du ein Funke aus dem großen ewigen Feuer. Wenn du denkst, dass du der *Atman* (das Selbst) bist, bist du alles.

3. Der Wille ist nicht frei – er ist ein durch Ursache und Wirkung gebundenes Phänomen – aber es gibt etwas hinter dem Willen, das frei ist.

4. Stärke liegt in der Güte, in der Reinheit.

5. Das Universum ist der objektivierte Gott.

6. Du kannst nicht an Gott glauben, bevor du nicht an dich selbst glaubst.

7. Die Wurzel des Übels liegt in der Illusion, dass wir der Körper sind. Dies ist die Erbsünde, wenn es sie überhaupt gibt.

8. Die einen sagen, dass der Gedanke durch die Materie verursacht wird, und die anderen sagen, dass die Materie durch den Gedanken verursacht wird. Beide Aussagen sind falsch. Materie und Gedanken sind koexistent. Es gibt ein drittes Etwas, von dem sowohl die Materie als auch der Gedanke ein Produkt sind.

9. So wie sich die Teilchen der Materie im Raum verbinden, so verbinden sich die Gedankenwellen in der Zeit.

10. Gott zu definieren heißt, den bereits vorhandenen Untergrund zu zermahlen, denn Er ist das einzige Wesen, das wir kennen.

11. Religion ist die Idee, die das Tier zum Menschen und den Menschen zu Gott erhebt.

12. Die äußere Natur ist nur die groß geschriebene innere Natur.

13. Das Motiv ist das Maß deines Werkes. Welches Motiv kann höher sein als das, dass du Gott bist und dass der niedrigste Mensch auch Gott ist?

14. Der Beobachter in der psychischen Welt muss sehr gut und wissenschaftlich geschult sein.

15. Zu glauben, dass der Verstand alles ist, dass der Gedanke alles ist, ist nur ein höherer Materialismus.

16. Diese Welt ist die große Sporthalle, in die wir kommen, um uns stark zu machen.

17. Man kann ein Kind nicht lehren, genauso wenig wie man eine Pflanze züchten kann. Alles, was du tun kannst, ist auf der negativen Seite. Du kannst nur helfen. Es ist eine Manifestation von innen. Es entwickelt seine eigene Natur. Du kannst nur die Hindernisse beseitigen.

18. Sobald ihr eine Sekte bildet, protestiert ihr gegen die universelle Brüderlichkeit. Diejenigen, die wirklich universelle Brüderlichkeit fühlen, reden nicht viel, aber ihre Taten sprechen laut.

19. Die Wahrheit kann auf tausend verschiedene Arten ausgedrückt werden, und doch kann jede davon wahr sein.

20. Du musst von innen nach außen wachsen. Niemand kann dich lehren, niemand kann dich spirituell machen. Es gibt keinen anderen Lehrer als deine eigene Seele.

21. Wenn in einer unendlichen Kette ein paar Glieder erklärt werden können, kann man mit der gleichen Methode alles erklären.

22. Der Mensch hat die Unsterblichkeit erreicht, der sich durch nichts Materielles stören lässt.

23. Alles kann für die Wahrheit geopfert werden, aber die Wahrheit kann für nichts geopfert werden.

24. Die Suche nach der Wahrheit ist der Ausdruck von Stärke, nicht das Tappen eines schwachen, blinden Menschen.

25. Gott ist Mensch geworden. Der Mensch wird wieder Gott werden.

26. Es ist Kinderkram, dass ein Mensch stirbt und in den Himmel kommt. Wir kommen und gehen nicht. Wir sind, wo wir sind. Alle Seelen, die waren, sind und sein werden, befinden sich in einem geometrischen Punkt.

27. Wer das Buch des Herzens geöffnet hat, braucht keine anderen Bücher. Ihr einziger Wert besteht darin, in uns ein Verlangen zu wecken. Sie sind lediglich die Erfahrungen der anderen.

28. Hab Barmherzigkeit gegenüber allen Wesen. Hab Mitleid mit denen, die in Not sind. Liebe alle Lebewesen. Sei auf niemanden eifersüchtig. Sieh nicht auf die Fehler der anderen.

29. Der Mensch stirbt nie, noch wird er je geboren. Die Körper sterben, aber er stirbt nie.

30. Keiner wird in eine Religion hineingeboren, sondern jeder wird für eine Religion geboren.

31. Es gibt wirklich nur ein Selbst im Universum. Alles andere sind nur seine Manifestationen.

32. Alle Gläubigen sind in die breite Masse und die wenigen Mutigen unterteilt.

33. Wenn es unmöglich ist, hier und jetzt Vollkommenheit zu erlangen, gibt es keinen Beweis dafür, dass wir in irgendeinem anderen Leben Vollkommenheit erlangen können.

34. Wenn ich einen Klumpen Lehm vollkommen kenne, kenne ich den ganzen Lehm, den es gibt. Dies ist die Kenntnis der Prinzipien, aber ihre Anwendungen sind verschieden. Wenn du dich selbst kennst, kennst du alles.

35. Persönlich nehme ich so viel von den *Veden*, wie mit der Vernunft übereinstimmt. Teile der *Veden* sind scheinbar widersprüchlich. Sie werden nicht als inspiriert im westlichen Sinne des Wortes betrachtet, sondern als die Summe des Wissens Gottes, der Allwissenheit. Dieses Wissen tritt am Anfang eines Zyklus hervor und manifestiert sich, und wenn der Zyklus endet, geht es in eine winzige Form über. Wenn der Zyklus wieder projiziert wird, wird dieses Wissen wieder mit ihm projiziert. So weit ist die Theorie richtig. Aber dass nur diese Bücher, die *Veden* genannt werden, Sein Wissen sind, ist reine Sophisterei. *Manu* sagt an einer Stelle, dass der Teil der *Veden*, der mit der Vernunft übereinstimmt, die *Veden* sind und nichts anderes. Viele unserer Philosophen haben diese Ansicht vertreten.

36. Von allen Schriften der Welt sind es allein die *Veden*, die erklären, dass sogar das Studium der *Veden* zweitrangig ist. Das wirkliche Studium ist

„das, wodurch wir das Unveränderliche erkennen". Und das ist weder das Lesen, um zu glauben, noch das Denken, sondern die überbewusste Wahrnehmung oder *Samadhi*.

37. Wir sind einmal niedrige Tiere gewesen. Wir denken, sie seien etwas anderes als wir. Ich höre, dass westliche Menschen sagen: „Die Welt wurde für uns geschaffen." Wenn Tiger Bücher schreiben könnten, würden sie sagen, dass der Mensch für sie erschaffen wurde und dass der Mensch ein höchst sündhaftes Tier ist, weil er ihm (dem Tiger) nicht erlaubt, ihn leicht zu fangen. Der Wurm, der heute unter deinen Füßen krabbelt, ist ein künftiger Gott.

38. „Ich würde es sehr begrüßen, wenn unsere Frauen eure Intellektualität hätten, aber nicht, wenn dies auf Kosten der Reinheit geschehen muss", sagte Swami Vivekananda in New York. „Ich bewundere euch für all das, was ihr wisst, aber es gefällt mir nicht, wie ihr das Schlechte mit Rosen bedeckt und es gut nennt. Intellektualität ist nicht das höchste Gut. Moral und Spiritualität sind die Dinge, nach denen wir streben. Unsere Frauen sind nicht so gelehrt, aber sie sind reiner.

Für jede Frau sollte jeder Mann außer ihrem Ehemann wie ihr Sohn sein. Für jeden Mann sollte jede Frau außer seiner eigenen Ehefrau wie seine Mutter sein. Wenn ich mich umschaue und sehe, was ihr Galanterie nennt, ist meine Seele mit Abscheu erfüllt. Erst wenn ihr lernt, die Frage des Geschlechts zu ignorieren und euch auf dem Boden der gemeinsamen Menschlichkeit zu treffen, werden sich eure Frauen wirklich entwickeln. Bis dahin sind sie Spielzeuge, nichts weiter. All dies ist die Ursache für Scheidungen. Eure Männer verbeugen sich tief und bieten einen Stuhl an, aber im nächsten Atemzug machen sie Komplimente. Sie sagen: ‚Oh, Madame, wie schön sind Ihre Augen!' Welches Recht haben sie, dies zu tun? Wie kann ein Mann es wagen, so weit zu gehen, und wie könnt ihr Frauen es zulassen? Solche Dinge entwickeln die weniger edle Seite der Menschheit. Sie führen nicht zu edleren Idealen.

Wir sollten nicht denken, dass wir Männer und Frauen sind, sondern nur, dass wir Menschen sind, die geboren wurden, um sich gegenseitig zu lieben und zu helfen. Kaum sind ein junger Mann und eine junge Frau allein, macht er ihr Komplimente, und bevor er sich eine Frau nimmt, hat er vielleicht zweihundert Frauen umworben. Pah! Wenn ich zu den Heiratswilligen gehörte, könnte ich auch ohne all das eine Frau finden, die ich liebe!

39. „Wo ist die Spiritualität, die man in einem Land erwarten würde, das so stolz auf seine Zivilisation ist?", sagte er in Amerika.

40. „Hier" und „Jenseits" sind Worte, die Kinder erschrecken. Es ist alles „hier". Um in Gott zu leben und sich in Ihm zu bewegen, sogar hier, sogar in diesem Körper, sollte aller Egoismus verschwinden, sollte aller Aberglaube verbannt werden. Solche Menschen leben in Indien. Wo gibt es solche in diesem Land (Amerika)? Eure Prediger verurteilen Träumer. Die Menschen in diesem Land wären besser dran, wenn es mehr Träumer gäbe. Es gibt einen großen Unterschied zwischen Träumen und der Prahlerei des neunzehnten Jahrhunderts. Die ganze Welt ist voll von Gott und nicht von Sünde. Lasst uns einander helfen, lasst uns einander lieben.

41. Ich will als wahrer *Sannyasin* sterben, wie mein Meister es tat, ohne Rücksicht auf Geld, Frauen und Ruhm! Und von diesen ist die Liebe zum Ruhm die heimtückischste!

42. Ich habe nie von Vergeltung gesprochen, ich habe immer von Stärke gesprochen. Träumt man davon, sich an diesem Tropfen der Meeresgischt zu rächen? Aber für eine Mücke ist es eine große Sache!

43. „Dies ist ein großartiges Land", sagte Swamiji bei einer Gelegenheit in Amerika, „aber ich würde hier nicht leben wollen. Die Amerikaner denken zu sehr ans Geld. Sie geben ihm den Vorzug vor allem anderen. Euer Volk hat noch viel zu lernen. Wenn eure Nation so alt ist wie die unsere, werdet ihr weiser sein."

44. Es mag sein, dass ich es gut finden werde, meinen Körper zu verlassen, ihn abzulegen wie ein ausgedientes Kleidungsstück. Aber ich werde nicht aufhören zu arbeiten! Ich werde die Menschen überall inspirieren, bis die Welt weiß, dass sie eins mit Gott ist.

45. Alles, was ich bin, alles, was die Welt selbst eines Tages sein wird, verdanke ich meinem Meister Sri Ramakrishna, der diese wunderbare Einheit, die allem zugrunde liegt, inkarniert, erfahren und gelehrt hat und sie sowohl im Hinduismus als auch im Islam und Christentum entdeckt hat.

46. Lasst dem Geschmacksorgan freien Lauf, und auch die anderen Organe werden ungezügelt weiterlaufen.

47. *Jnana, Bhakti, Yoga* und *Karma* – das sind die vier Wege, die zur Erlösung führen. Man muss dem Weg folgen, für den man am besten geeignet ist. Aber in diesem Zeitalter sollte man besonderen Wert auf *Karma-Yoga* legen.

48. Religion ist keine Sache der Einbildung, sondern der direkten Wahrnehmung. Derjenige, der auch nur einen einzigen Geist (spirit) gesehen hat, ist größer als mancher buchgelehrte *Pandit*.

49. Als Swamiji einmal jemanden sehr lobte, sagte einer, der in der Nähe saß, zu ihm: „Aber er glaubt nicht an dich." Als Swamiji dies hörte, antwortete er sofort: „Gibt es irgendeine eidesstattliche Erklärung, dass er das tun muss? Er tut gute Arbeit, und deshalb ist er des Lobes würdig."

50. Die Büchergelehrsamkeit hat kein Recht, in den Bereich der wahren Religion einzutreten.

51. Der Untergang einer religiösen Sekte beginnt an dem Tag, an dem die Verehrung der Reichen beginnt.

52. Wenn du etwas Böses tun willst, tue es vor den Augen deiner Vorgesetzten.

53. Durch die Gnade des Gurus wird ein Schüler ein *Pandit* (Gelehrter), auch ohne Bücher zu lesen.

54. Es gibt weder Sünde noch Tugend. Es gibt nur Unwissenheit. Durch die Verwirklichung der Nicht-Dualität wird diese Unwissenheit beseitigt.

55. Religiöse Bewegungen treten in Gruppen auf. Jede von ihnen versucht, sich über die anderen zu erheben. Aber in der Regel wird nur eine von ihnen wirklich stark, und diese verschlingt auf lange Sicht alle anderen Bewegungen.

56. Als Swamiji in Ramnad war, sagte er im Laufe eines Gesprächs, dass Sri *Rama* der *Paramatman* und *Sita* der *Jivatman* sei, und der Körper eines jeden Mannes oder einer jeden Frau sei Lanka (Ceylon). Der *Jivatman*, der im Körper eingeschlossen oder auf der Insel Lanka gefangen ist, wünscht sich immer, mit dem *Paramatman* oder Sri *Rama* verbunden zu sein. Aber

die *Rakshasas* (Dämonen), die bestimmte Charaktereigenschaften repräsentieren, lassen dies nicht zu. Zum Beispiel repräsentiert Vibhishana *Sattva Guna*, Ravana, *Rajas* und Kumbhakarna, *Tamas*. *Sattva Guna* bedeutet Güte, *Rajas* bedeutet Lust und Leidenschaft und *Tamas* Dunkelheit, Stumpfsinn, Geiz, Bosheit und deren Begleiterscheinungen. Diese *Gunas* halten *Sita* oder den *Jivatman*, der sich im Körper oder Lanka befindet, davon ab, sich mit dem *Paramatman* oder *Rama* zu verbinden. *Sita*, die so gefangen ist und versucht, sich mit ihrem Herrn zu vereinigen, erhält Besuch von *Hanuman*, dem Guru oder göttlichen Lehrer, der ihr den Ring des Herrn zeigt, der *Brahma-Jnana* symbolisiert, die höchste Weisheit, die alle Illusionen zerstört. Und so findet *Sita* den Weg, um mit Sri *Rama* eins zu werden, oder, mit anderen Worten, der *Jivatman* findet sich selbst eins mit dem *Paramatman*.

57. Ein wahrer Christ ist ein wahrer Hindu, und ein wahrer Hindu ist ein wahrer Christ.

65. Wir versuchen ständig, unsere Schwäche wie Stärke aussehen zu lassen, unsere Gefühle wie Liebe, unsere Feigheit wie Mut und so weiter.

66. Sage zu deiner Seele in Bezug auf Eitelkeiten, Schwäche usw.: „Das ziemt sich nicht für dich. Das ziemt sich nicht für dich."

67. Niemals liebt ein Mann die Frau um der Frau willen oder die Frau den Mann um des Mannes willen. Es ist Gott in der Frau, den der Mann liebt, und Gott im Mann, den die Frau liebt. Es ist Gott in jedem, der uns zu dem zieht, den wir lieben, Gott in allem und in jedem, der uns lieben lässt. Gott ist die einzige Liebe.

68. Oh, wenn ihr euch nur selbst erkennen würdet! Ihr seid Seelen, ihr seid Götter. Wenn ich jemals Lust habe zu lästern, dann, wenn ich euch Menschen nenne.

69. In jedem ist Gott, der *Atman*. Alles andere ist nur ein Traum, eine Illusion.

70. Wenn ich im Leben des Geistes keine Glückseligkeit finde, soll ich dann im Leben der Sinne Befriedigung suchen? Wenn ich keinen Nektar bekommen kann, soll ich dann auf Wasser aus dem Graben zurückgreifen? Der Vogel, der Chataka genannt wird, trinkt nur Regenwasser und ruft beim Auffliegen immer: „Reines Wasser! Reines Wasser!" Und keine Stürme

oder Unwetter bringen ihn dazu, mit seinen Flügeln zu taumeln oder herabzusteigen, um von der Erde zu trinken.

71. Jede Sekte, die euch helfen kann, Gott zu erkennen, ist willkommen. Religion ist die Verwirklichung von Gott.

72. Ein Atheist kann wohltätig sein, aber nicht religiös. Aber der religiöse Mensch muss wohltätig sein.

73. Jeder erleidet Schiffbruch auf dem Felsen des Möchtegern-Guruismus, außer den Seelen, die dazu geboren wurden, Gurus zu sein.

74. Der Mensch ist eine Mischung aus Tiernatur, Menschlichkeit und Göttlichkeit.

75. Der Begriff „sozialer Fortschritt" bedeutet so viel wie „heißes Eis" oder „dunkles Licht". Letztendlich gibt es so etwas wie „sozialen Fortschritt" nicht!

76. Nicht die Dinge werden besser, sondern wir werden besser, indem wir sie verändern.

77. Ich will meinen Mitmenschen helfen. Das ist alles, was ich will.

78. „Nein", sagte der Swami sehr leise als Antwort auf eine Frage in New York, „ich glaube nicht an das Okkulte. Wenn eine Sache unwirklich ist, existiert sie nicht. Was unwirklich ist, existiert nicht. Seltsame Dinge sind natürliche Phänomene. Ich weiß, dass sie eine Sache der Wissenschaft sind. Dann sind sie für mich nicht okkult. Ich glaube nicht an okkulte Gesellschaften. Sie tun nichts Gutes und können niemals Gutes tun."

79. Es gibt vier allgemeine Typen von Menschen: die rationalen, die emotionalen, die mystischen und die Arbeiter. Für jeden von ihnen müssen wir geeignete Formen der Verehrung vorsehen. Da gibt es den rationalen Menschen, der sagt: „Diese Form der Verehrung interessiert mich nicht. Gebt mir das Philosophische, das Rationale – das kann ich schätzen." Für den rationalen Menschen gibt es also die rationale, philosophische Verehrung.

Da kommt der Arbeiter. Er sagt: „Die Verehrung des Philosophen interessiert mich nicht. Gebt mir Arbeit, die ich für meine Mitmenschen tun kann." Für ihn ist also die Arbeit der Weg der Verehrung. Was die Mystiker und die Emotionalen betrifft, so haben sie ihre jeweiligen Formen der Hingabe. Alle diese Menschen finden in der Religion die Elemente ihres Glaubens.

80. Ich stehe für die Wahrheit. Die Wahrheit wird sich niemals mit der Falschheit verbünden. Selbst wenn die ganze Welt gegen mich sein sollte, muss die Wahrheit am Ende siegen.

81. Überall dort, wo die humanitärsten Ideen in die Hände einer Vielzahl von Menschen fallen, ist das erste Ergebnis, das man bemerkt, eine Verschlechterung. Es sind die Gelehrsamkeit und der Intellekt, die helfen, die Dinge zu bewahren. Es sind die Gebildeten in einer Gemeinschaft, die die wahren Hüter von Religion und Philosophie in ihrer reinsten Form sind. Es ist diese Form, die als Index für den geistigen und sozialen Zustand einer Gemeinschaft dient.

82. Bei einem Anlass sagte Swamiji in Amerika: „Ich bin nicht gekommen, um euch zu einem neuen Glauben zu bekehren. Ich möchte, dass ihr euren eigenen Glauben behaltet. Ich möchte den Methodisten zu einem besseren Methodisten machen, den Presbyterianer zu einem besseren Presbyterianer, den Unitarier zu einem besseren Unitarier. Ich will euch lehren, die Wahrheit zu leben, das Licht in eurer eigenen Seele zu offenbaren."

83. Das Glück präsentiert sich den Menschen mit einer Krone des Kummers auf seinem Haupt. Wer es willkommen heißt, muss auch den Kummer willkommen heißen.

84. Wer der Welt den Rücken kehrt, wer auf alles verzichtet, wer seine Leidenschaft beherrscht und nach Frieden dürstet, der ist frei, der ist groß. Man kann politische und soziale Unabhängigkeit erlangen. Aber wenn man ein Sklave seiner Leidenschaften und Wünsche ist, kann man die reine Freude wahrer Freiheit nicht spüren.

85. Anderen Gutes zu tun ist Tugend (*Dharma*). Andere zu verletzen ist Sünde. Stärke und Männlichkeit sind Tugend. Schwäche und Feigheit sind Sünde. Unabhängigkeit ist Tugend. Abhängigkeit ist Sünde. Andere zu lieben ist Tugend. Andere zu hassen ist Sünde. Der Glaube an Gott und an das eigene Selbst ist Tugend. Zweifel ist Sünde. Das Wissen um die Einheit ist Tugend. Die Vielfalt zu sehen ist Sünde. Die verschiedenen Schriften zeigen nur die Mittel, um Tugend zu erlangen.

86. Wenn der Intellekt durch Überlegungen die Wahrheit begreift, dann wird sie im Herzen, der Quelle des Gefühls, verwirklicht. So werden der Kopf und das Herz im selben Moment erleuchtet. Und dann erst „ist der Knoten des Herzens zerrissen, und alle Zweifel hören auf", wie die *Upanishad* sagt. (Mundaka Upanishad II.II.8)

Wenn in alten Zeiten dieses Wissen (*Jnana*) und dieses Gefühl (*Bhava*) gleichzeitig im Herzen des *Rishi* aufblühten, dann wurde die höchste Wahrheit poetisch, und die *Veden* und andere Schriften wurden verfasst. Aus diesem Grund stellt man beim Studium der *Veden* fest, dass die beiden parallelen Linien von *Bhava* und *Jnana* sich schließlich auf der Ebene der *Veden* getroffen haben und untrennbar miteinander verbunden sind.

87. Die Schriften der verschiedenen Religionen zeigen verschiedene Wege auf, um die Ideale der universellen Liebe, der Freiheit, der Menschlichkeit und des selbstlosen Wohlwollens zu erreichen. Jede religiöse Sekte ist im Allgemeinen uneins über ihre Vorstellung davon, was Tugend und was Laster ist, und streitet mit anderen über die Mittel, um Tugend zu erlangen und Laster zu meiden, anstatt das Ziel zu verwirklichen. Jedes Mittel ist mehr oder weniger hilfreich. Die Gita (XVIII. 48) sagt: „Jedes Unterfangen ist mit Mängeln behaftet wie Feuer mit Rauch." So werden die Mittel zweifellos mehr oder weniger fehlerhaft erscheinen. Aber da wir die höchste Tugend durch die Mittel erreichen wollen, die in unseren jeweiligen Schriften niedergelegt sind, sollten wir unser Bestes tun, um sie zu befolgen. Außerdem sollten sie mit Vernunft und Unterscheidungsvermögen gemildert werden. Auf diese Weise wird sich das Rätsel von Tugend und Laster mit unserem Fortschritt von selbst lösen.

88. Wie viele Menschen in unserem Land verstehen heutzutage wirklich die *Shastras*? Sie haben nur Worte wie *Brahman*, *Maya*, *Prakriti* und so weiter gelernt und zerbrechen sich darüber die Köpfe. Sie lassen die wahre Bedeutung und den Zweck der *Shastras* beiseite und streiten sich nur über die Worte. Wenn die *Shastras* nicht allen Menschen unter allen Umständen und zu jeder Zeit helfen können, welchen Nutzen haben sie dann? Wenn die *Shastras* nur den *Sannyasins* den Weg zeigen und nicht den Haushältern, welchen Bedarf hat dann ein Haushälter an solchen einseitigen *Shastras*? Wenn die *Shastras* den Menschen nur dann helfen können, wenn sie alle Arbeit aufgeben und sich in die Wälder zurückziehen, und nicht den Weg

zeigen können, wie man die Lampe der Hoffnung in den Herzen der Menschen der alltäglichen Welt entzündet – inmitten ihrer täglichen Mühsal, ihrer Krankheit, ihrem Elend und ihrer Armut, in der Verzagtheit der Büßer, in den Selbstvorwürfen der Unterdrückten, in den Schrecken des Schlachtfeldes, in Lust, Zorn und Vergnügen, in der Freude des Sieges, in der Dunkelheit der Niederlage und schließlich in der gefürchteten Nacht des Todes – dann hat die schwache Menschheit keinen Bedarf an solchen *Shastras*, die dann überhaupt keine *Shastras* sind!

89. Durch *Bhoga* (Genuss) wird Yoga mit der Zeit kommen. Aber leider ist das Los meiner Landsleute so, dass sie nicht einmal ein wenig *Bhoga* haben können, ganz zu schweigen von Yoga! Sie leiden unter allen möglichen Demütigungen und können nur mit äußerster Mühe die geringsten Bedürfnisse des Körpers befriedigen – und selbst das kann nicht jeder! Es ist seltsam, dass ein solcher Zustand uns nicht den Schlaf raubt und uns zu unseren unmittelbaren Pflichten aufrüttelt.

90. Setzt euch noch so sehr für eure Rechte und Privilegien ein, aber denkt daran: Solange wir uns nicht wirklich erheben, indem wir intensiv das Gefühl der Selbstachtung in der Nation wecken, solange ist unsere Hoffnung, Rechte und Privilegien zu erlangen, wie ein Tagtraum.

91. Wenn ein genialer Mensch mit einer besonders großen Kraft geboren wird, werden alle besten und schöpferischsten Fähigkeiten seiner gesamten Vererbung zur Bildung seiner Persönlichkeit herangezogen und gleichsam ausgequetscht. Aus diesem Grund sind alle, die später in einer solchen Familie geboren werden, entweder Idioten oder Menschen von ganz gewöhnlichem Kaliber, und mit der Zeit stirbt eine solche Familie in vielen Fällen aus.

92. Wenn du in diesem Leben das Heil nicht erlangen kannst, welchen Beweis gibt es dann, dass du es in dem oder den nächsten Leben erlangen kannst?

93. Als er den Taj Mahal in Agra besuchte, bemerkte er: „Wenn man etwas von diesem Marmor zerdrückt, kommen Tropfen der königlichen Liebe und des Kummers heraus." Weiter bemerkte er: „Man braucht wirklich sechs Monate, um einen Quadratzentimeter der großartigen Werke im Innern zu studieren."

94. Wenn die wahre Geschichte Indiens erforscht sein wird, wird bewiesen werden, dass Indien, wie in Sachen Religion, so auch in den schönen Künsten, der ursprüngliche Lehrer der ganzen Welt ist.

95. Über die Architektur sagte er: „Man sagt, Kalkutta sei eine Stadt der Paläste, aber die Häuser sehen aus wie viele übereinander gestapelten Kisten! Sie vermitteln überhaupt keine Vorstellung. In Rajputana kann man noch viel reine Hindu-Architektur finden. Wenn du die Stadt Dharmasala betrachtest, wirst du das Gefühl haben, dass sie dich mit offenen Armen einlädt, darin Zuflucht zu suchen und an ihrer uneingeschränkten Gastfreundschaft teilzuhaben. Wenn du einen Tempel betrachten, bist du sicher, dass du die göttliche Gegenwart in ihm und um ihn herum findest. Sieht man sich ein Landhaus an, so wird man sofort die besondere Bedeutung der einzelnen Teile erkennen und feststellen, dass das ganze Gebäude von der vorherrschenden Landschaft und dem Ideal seines Besitzers zeugt. Diese Art ausdrucksstarker Architektur habe ich außer in Italien nirgendwo sonst gesehen."

(aus: Complete Works VIII)

1. Der Swami wurde gefragt: „Hat Buddha gelehrt, dass das Viele wirklich und das Ego unwirklich ist, während der orthodoxe Hinduismus das Eine als das Wirkliche und das Viele als unwirklich betrachtet?" „Ja", antwortete der Swami. „Und was Ramakrishna Paramahamsa und ich hinzugefügt haben, ist, dass die Vielen und das Eine dieselbe Wirklichkeit sind, die vom selben Geist zu verschiedenen Zeiten und in verschiedenen Haltungen wahrgenommen werden."

2. „Erinnere dich!", sagte er einmal zu einem Schüler, „Erinnere dich! Die Botschaft Indiens ist immer: ‚Nicht die Seele für die Natur, sondern die Natur für die Seele!'"

3. Was die Welt heute braucht, sind zwanzig Männer und Frauen, die es wagen, auf der Straße zu stehen und zu sagen, dass sie nichts besitzen außer Gott. Wer wird hingehen? Warum sollte man sich fürchten? Wenn das wahr ist, was kann dann noch wichtig sein? Wenn es nicht wahr ist, was zählt dann unser Leben!

4. Oh, wie ruhig wäre die Arbeit eines Menschen, der die Göttlichkeit des Menschen wirklich verstanden hat! Für einen solchen gibt es nichts zu tun, außer den Menschen die Augen zu öffnen. Alles andere tut sich von selbst.

5. Er (Sri Ramakrishna) begnügte sich damit, dieses große Leben zu leben und es anderen zu überlassen, die Erklärung zu finden!

6. „Pläne! Pläne!" erklärte Swami Vivekananda entrüstet. „Das ist der Grund, warum ... Westliche Menschen können niemals eine Religion erschaffen! Wenn es einer von euch jemals geschafft hat, dann waren es nur ein paar katholische Heilige, die keine Pläne hatten. Religion wurde nie von Planern gepredigt!"

7. Das soziale Leben im Westen ist wie ein schallendes Gelächter. Aber darunter ist es ein Jammern. Es endet mit einem Schluchzen. Der Spaß und die Frivolität sind nur oberflächlich. In Wirklichkeit ist es voller tragischer Intensität. Hier dagegen [in Indien] ist es äußerlich traurig und düster, aber darunter liegen Sorglosigkeit und Fröhlichkeit.

8. Ich bin davon überzeugt, dass ein Leben nicht ausreicht, um einen Anführer zu machen. Er muss dafür geboren werden. Denn die Schwierigkeit liegt nicht im Organisieren und Planen. Die Prüfung, die wirkliche Prüfung des Führers besteht darin, ganz unterschiedliche Menschen durch ihre gemeinsame Gesinnung zusammenzuhalten. Und das kann nur unbewusst geschehen, niemals durch Versuch.

9. Bei der Erläuterung von Platons Lehre der Ideen sagte Swamiji: „Du siehst also, dass all dies nur eine schwache Manifestation der großen Ideen ist, die allein wirklich und vollkommen sind. Irgendwo gibt es ein Ideal für dich, und hier ist ein Versuch, es zu manifestieren! Der Versuch ist in vielerlei Hinsicht noch unzureichend. Trotzdem, mach weiter! Eines Tages wirst du das Ideal interpretieren."

10. Auf die Bemerkung einer Schülerin, die meinte, dass es für sie besser wäre, immer wieder in dieses Leben zurückzukehren und den Dingen nachzugehen, die sie interessierten, anstatt mit einer tiefen Sehnsucht aus dem Leben zu gehen und nach persönlichem Heil zu streben, erwiderte der Swami schnell: „Das liegt daran, dass du die Idee des Fortschritts nicht überwinden kannst. Aber die Dinge werden nicht besser. Sie bleiben, wie sie

sind. Und wir werden besser durch die Veränderungen, die wir an ihnen vornehmen."

11. Es war in Almora, als ein älterer Mann mit einem Ausdruck liebenswürdiger Schwäche auf dem Gesicht zu ihm kam und ihm eine Frage über *Karma* stellte. Was sollten diejenigen tun, fragte er, deren *Karma* es sei, zu sehen, wie die Starken die Schwachen unterdrücken? Der Swami wandte sich überrascht und entrüstet an ihn. „Natürlich die Starken unterdrücken!", sagte er, „Du vergisst deinen eigenen Anteil an diesem *Karma*. Du hast immer das Recht zu rebellieren!"

12. „Sollte man eine Gelegenheit zum Tod suchen, um das Recht zu verteidigen, oder sollte man die Lektion der Gita annehmen und lernen, niemals zu reagieren?", wurde der Swami gefragt. „Ich bin dafür, nicht zu reagieren", sagte der Swami langsam und mit einer langen Pause. Dann fügte er hinzu: „Den *Sannyasins*. Selbstverteidigung für den Haushälter!"

13. Es ist ein Irrtum zu behaupten, dass bei allen Menschen das Vergnügen das Motiv ist. Genauso viele sind geboren, um nach Schmerz zu streben. Lasst uns den Schrecken um seiner selbst willen verehren.

14. Ramakrishna Paramahamsa war der einzige Mensch, der jemals den Mut hatte zu sagen, dass wir zu allen Menschen in ihrer eigenen Sprache sprechen müssen!

15. „Wie habe ich *Kali* gehasst", sagte er und bezog sich dabei auf seine Tage des Zweifels an der Akzeptanz des *Kali*-Ideals, „und all Ihre Wege! Das war der Grund für meinen sechsjährigen Kampf – dass ich Sie nicht akzeptieren wollte. Aber schließlich musste ich sie akzeptieren! Ramakrishna Paramahamsa hat mich Ihr geweiht, und jetzt glaube ich, dass Sie mich in allem, was ich tue, leitet und mit mir macht, was Sie will. Und doch habe ich so lange gekämpft! Ich habe ihn geliebt, weißt du, und das war es, was mich gehalten hat. Ich sah seine wunderbare Reinheit. Ich fühlte seine wunderbare Liebe. Seine Größe war mir damals noch nicht bewusst. Das kam alles erst später, als ich nachgegeben hatte. Damals hielt ich ihn für ein hirnkrankes Baby, das immer Visionen hatte und so weiter. Ich habe das gehasst. Und dann musste auch ich Sie akzeptieren!

Nein, die Sache, die mich dazu gebracht hat, ist ein Geheimnis, das mit mir sterben wird. Ich hatte großes Unglück zu der Zeit. Es war eine Gelegenheit.

Sie hat einen Sklaven aus mir gemacht. Das waren genau die Worte: „ein Sklave aus dir". Und Ramakrishna Paramahamsa machte mich zu Ihrem Sklaven. Seltsam! Er lebte nur zwei Jahre, nachdem er das getan hatte, und die meiste Zeit über litt er. Nicht länger als sechs Monate bewahrte er seine Gesundheit und sein Strahlen.

Guru *Nanak* war so, wisst ihr. Er suchte den einen Schüler, dem er seine Macht geben wollte. Und er überging seine ganze Familie – seine Kinder waren ihm gleichgültig – bis er auf den Jungen stieß, dem er sie gab. Und dann konnte er sterben.

Du sagst, die Zukunft wird Ramakrishna Paramahamsa als Inkarnation von *Kali* bezeichnen? Ja, ich denke, es besteht kein Zweifel, dass Sie den Körper von Ramakrishna für Ihre eigenen Zwecke bearbeitet hat.

Siehst du, ich kann nicht anders als glauben, dass es irgendwo eine große Macht gibt, die sich für weiblich hält und *Kali* und Mutter nennt. Und ich glaube auch an *Brahman*. Aber ist es nicht immer so? Sind es nicht die Vielzahl der Zellen im Körper, die die Persönlichkeit ausmachen, die vielen Gehirnzentren, und nicht das Eine, das das Bewusstsein erzeugt? Einheit in der Komplexität! Genau so! Und warum sollte es bei *Brahman* anders sein? Es ist *Brahman*. Es ist das Eine. Und doch, und doch, ist es auch die Götter!

16. Je älter ich werde, desto mehr scheint mir alles in der Männlichkeit zu liegen. Das ist mein neues Evangelium.

18. Sexuelle Liebe und Schöpfung! Das ist die Wurzel der meisten Religionen. Und diese werden in Indien Vaishnavismus genannt und im Westen Christentum. Wie wenige haben es gewagt, den Tod oder *Kali* zu verehren! Lasst uns den Tod verehren! Lasst uns das Schreckliche umarmen, weil es schrecklich ist, und nicht verlangen, dass es abgemildert wird. Lasst uns das Elend um des Elends willen annehmen!

19. Die drei Zyklen des Buddhismus waren fünfhundert Jahre des Gesetzes, fünfhundert Jahre der Bilder und fünfhundert Jahre der *Tantras*. Du darfst dir nicht einbilden, dass es in Indien jemals eine Religion namens Buddhismus mit Tempeln und Priestern eigener Ordnung gegeben hat! Nichts dergleichen. Er war immer Teil des Hinduismus. Nur zu einer bestimmten Zeit war der Einfluss Buddhas überragend, und das machte die Nation monastisch.

20. Das ganze Ideal der Konservativen ist Unterwerfung. Euer Ideal ist der Kampf. Folglich sind wir es, die das Leben genießen, und niemals ihr! Ihr seid immer bestrebt, euer Leben in etwas Besseres zu verwandeln, und bevor der millionste Teil der Veränderung vollzogen ist, sterbt ihr. Das westliche Ideal ist es, zu tun, das östliche, zu leiden. Das perfekte Leben wäre eine wunderbare Harmonie aus Tun und Leiden. Aber das kann niemals sein.

In unserem System ist es akzeptiert, dass ein Mensch nicht alles haben kann, was er sich wünscht. Das Leben ist vielen Beschränkungen unterworfen. Das ist hässlich, aber es bringt auch Licht und Stärke zum Vorschein. Unsere Liberalen sehen nur das Hässliche und versuchen, es zu vertreiben. Aber sie ersetzen es durch etwas ebenso Schlimmes, und die neue Gewohnheit braucht genauso lange wie die alte, bis wir zu ihren Kraftzentren vordringen.

Der Wille wird durch Veränderungen nicht gestärkt. Er wird durch sie geschwächt und versklavt. Aber wir müssen immer zur Vertiefung fähig sein. Der Wille wird durch das Aufgehen stärker. Und bewusst oder unbewusst ist der Wille das Einzige auf der Welt, das wir bewundern.

Es ist der Egoismus, den wir versuchen müssen zu beseitigen. Wenn ich in meinem Leben einen Fehler gemacht habe, dann immer deshalb, weil ich mich selbst in die Überlegungen einbezogen habe. Wo der Egoismus nicht im Spiel war, hat mein Urteilsvermögen genau ins Schwarze getroffen.

Ohne sich selbst hätte es kein religiöses System gegeben. Wenn der Mensch nichts für sich selbst gewollt hätte, glaubst du, er hätte dann all diese Gebete und Formen der Verehrung gehabt? Er hätte überhaupt nicht an Gott gedacht, außer vielleicht ab und zu ein kleines Lob beim Anblick einer schönen Landschaft oder so. Und das ist die einzige Haltung, die es geben sollte. Nur Lob und Dank. Wenn wir uns nur von uns selbst befreien könnten!

Ihr liegt völlig falsch, wenn ihr glaubt, dass Kämpfen ein Zeichen von Wachstum sei. Das ist es ganz und gar nicht. Das Aufgehen ist das Zeichen. Der Hinduismus ist ein geniales Beispiel dafür. Wir haben uns nie um den Kampf gekümmert. Natürlich konnten wir ab und zu einen Schlag ausführen, um unsere Heimat zu verteidigen! Das war richtig. Aber wir haben uns nie für das Kämpfen um seiner selbst willen interessiert. Das musste jeder von uns lernen. Lasst also diese Rassen von Neuankömmlingen weiterwirbeln! Am Ende werden sie alle in den Hinduismus aufgenommen!

21. Die Gesamtheit aller Seelen, nicht der Mensch allein, ist der persönliche Gott. Dem Willen der Gesamtheit kann nichts widerstehen. Das ist es, was wir als Gesetz kennen. Und das ist es, was wir mit *Shiva* und *Kali* und so weiter meinen.

22. Verehre das Schreckliche! Verehre den Tod! Alles andere ist vergeblich. Jeder Kampf ist vergeblich. Das ist die letzte Lektion. Doch dies ist nicht die Liebe des Feiglings zum Tod, nicht die Liebe des Schwachen oder des Selbstmörders. Es ist die Begrüßung des starken Mannes, der alles bis in die Tiefe ausgelotet hat und weiß, dass es keine Alternative gibt.

23. Ich widerspreche all jenen, die ihrem Volk den Aberglauben zurückgeben. Wie das Interesse des Ägyptologen an Ägypten, so ist es leicht, ein rein egoistisches Interesse an Indien zu empfinden. Man mag sich wünschen, das Indien seiner Bücher, seiner Studien, seiner Träume wiederzusehen. Meine Hoffnung ist es, die Stärken dieses Indiens wiederzusehen, verstärkt durch die Stärken dieses Zeitalters, nur auf natürliche Weise. Das neue Stadium der Dinge muss ein Wachstum von innen sein.

Deshalb predige ich nur die *Upanishaden*. Wenn ihr nachseht, werdet ihr feststellen, dass ich nie etwas anderes als die *Upanishaden* zitiert habe. Und von den *Upanishaden* ist es nur dieser eine Gedanke, die Stärke. Die Quintessenz der *Veden* und des *Vedanta* und all dessen liegt in diesem einen Wort. Buddhas Lehre war Nicht-Widerstehen oder Nicht-Verletzen. Aber ich denke, dies ist eine bessere Art, dasselbe zu lehren. Denn hinter diesem Nicht-Verletzen steckt eine schreckliche Schwäche. Es ist die Schwäche, die die Idee des Widerstands hervorbringt. Ich denke nicht daran, einen Tropfen Meeresgischt zu bestrafen oder ihm zu entkommen. Für mich ist das nichts. Doch für die Mücke wäre es eine ernste Sache. Jetzt würde ich allen Verletzungen so entgegentreten, mit Stärke und Unerschrockenheit. Mein eigenes Ideal ist der Heilige, den sie in der Meuterei töteten und der sein Schweigen brach, als er ins Herz gestochen wurde, um zu sagen: „Und du bist auch Er!"

Aber ihr könnt fragen: „Welchen Platz nimmt Ramakrishna in diesem Schema ein?"

Er ist die Methode, diese wunderbare unbewusste Methode! Er hat sich selbst nicht verstanden. Er wusste nichts über England oder die Engländer, außer dass sie ein seltsames Volk jenseits des Meeres sind. Aber er lebte dieses große Leben, und ich las die Bedeutung. Niemals ein Wort der Verurteilung für irgendeinen!

Der große Fehler unserer indischen Religion lag bisher darin, dass sie nur zwei Worte kannte: Entsagung und *Mukti*. Nur *Mukti* hier! Nichts für den Hausherrn!

Aber das sind genau die Menschen, denen ich helfen will. Denn sind nicht alle Seelen von der gleichen Qualität? Ist das Ziel nicht für alle dasselbe?

Und so muss die Nation durch Bildung gestärkt werden.

24. Die *Puranas*, so der Swami, seien das Bemühen des Hinduismus, den Massen erhabene Ideen nahe zu bringen. Es gab nur einen Geist in Indien, der diese Notwendigkeit vorausgesehen hatte, nämlich *Krishna*, der wahrscheinlich größte Mann, der je gelebt hat.

25. Man kann immer sagen, dass das Bild Gott ist. Der Irrtum, den man vermeiden muss, besteht darin, Gott für das Bild zu halten.

28. Ich würde nicht einmal die griechischen Götter verehren, denn sie waren von der Menschheit getrennt! Man sollte nur diejenigen verehren, die wie wir sind, aber größer. Der Unterschied zwischen den Göttern und mir ist nur ein gradueller Unterschied.

29. Die einen geben der äußeren Erscheinung den Vorrang, die anderen der inneren Idee. Was ist vorrangig, der Vogel vor dem Ei oder das Ei vor dem Vogel? Dies ist ein Problem, für das es keine Lösung gibt. Gebt es auf! Entflieht der *Maya*!

30. Warum sollte ich mich darum kümmern, wenn die Welt selbst verschwinden würde? Nach meiner Philosophie wäre das doch eine sehr gute Sache! Aber in der Tat muss alles, was gegen mich ist, am Ende für mich sein. Bin ich nicht Ihr Soldat?

31. Ja, mein eigenes Leben wird von der Begeisterung einer bestimmten großen Persönlichkeit geleitet, aber was ist das schon? Die Inspiration wurde nie durch einen einzigen Menschen in die Welt getragen!

Es stimmt, dass ich glaube, dass Ramakrishna Paramahamsa inspiriert war. Aber dann bin ich selbst auch inspiriert. Und du bist inspiriert. Und deine

Schüler werden es sein, und die nach ihnen und so weiter, bis zum Ende der Zeit!

Siehst du nicht, dass die Zeit der esoterischen Interpretation vorbei ist? Auf Gedeih und Verderb ist diese Zeit vorbei und wird nie wiederkehren. Die Wahrheit wird in Zukunft für die Welt offen sein!

38. Liebe ist immer eine Manifestation der Glückseligkeit. Der kleinste Schatten von Schmerz, der auf sie fällt, ist immer ein Zeichen von Körperlichkeit und Selbstsucht.

40. Das Bewusstsein ist ein bloßer Film zwischen zwei Ozeanen, dem Unterbewusstsein und dem Überbewusstsein.

41. Ich konnte meinen eigenen Ohren nicht trauen, als ich hörte, dass die westlichen Menschen so viel von Bewusstsein reden! Bewusstsein? Was spielt das Bewusstsein für eine Rolle! Es ist doch nichts im Vergleich zu den unergründlichen Tiefen des Unterbewusstseins und den Höhen des Überbewusstseins! Darin könnte ich mich niemals täuschen, denn habe ich nicht gesehen, wie Ramakrishna Paramahamsa in zehn Minuten aus dem Unterbewusstsein eines Menschen seine gesamte Vergangenheit zusammengetragen und daraus seine Zukunft und seine Kräfte bestimmt hat?

42. All dies (Visionen usw.) sind Nebensächlichkeiten. Sie sind kein wahrer Yoga. Sie mögen eine gewisse Nützlichkeit haben, um indirekt die Wahrheit unserer Aussagen festzustellen. Selbst ein kleiner Einblick gibt den Glauben, dass etwas hinter der groben Materie steckt. Doch wer sich mit solchen Dingen beschäftigt, begibt sich in große Gefahr.

Diese (psychischen Entwicklungen) sind Grenzfragen! Es kann niemals eine Gewissheit oder Stabilität des Wissens geben, das mit ihren Mitteln erreicht wird. Habe ich nicht gesagt, es sind Grenzfragen? Die Grenzlinie verschiebt sich ständig!

46. Was ist das für eine Idee von *Bhakti* ohne Entsagung? Sie ist höchst verderblich.

47. Wir verehren weder Schmerz noch Vergnügen. Wir suchen durch beides zu dem zu gelangen, was beides übersteigt.

49. Obwohl die Liebe einer Mutter in mancher Hinsicht größer ist, nimmt die ganze Welt die Liebe von Mann und Frau als den Typ (der Beziehung

der Seele zu Gott). Keine andere hat eine so ungeheure idealisierende Kraft. Der Geliebte wird tatsächlich zu dem, was man sich von ihm vorstellt. Diese Liebe verwandelt ihr Objekt.

51. Vergiss nie, dir selbst zu sagen und deinen Kindern beizubringen, dass der Unterschied zwischen einem Glühwürmchen und der glühenden Sonne, zwischen dem unendlichen Meer und einem kleinen Teich, zwischen einem Senfkorn und dem Berg Meru der Unterschied zwischen dem Hausherrn und dem *Sannyasin* ist!

Alles ist mit Angst behaftet, nur die Entsagung ist furchtlos.

Gesegnet seien auch die betrügerischen *Sadhus* und diejenigen, die ihre Gelübde nicht erfüllt haben, denn auch sie haben ihr Ideal bezeugt und sind so in gewissem Maße die Ursache für den Erfolg der anderen!

Lasst uns niemals, niemals, unser Ideal vergessen!

52. Der Fluss ist rein, der fließt. Der Mönch ist rein, der geht!

53. Der *Sannyasin*, der an Gold denkt, um es zu begehren, begeht Selbstmord.

54. Was kümmert es mich, ob Mohammed ein guter Mann war oder Buddha? Ändert das mein Gut- oder Böse-sein? Lasst uns um unserer selbst willen gut sein, auf unsere eigene Verantwortung.

55. Ihr Menschen in diesem Land habt so viel Angst, eure Individualität zu verlieren! Ihr seid doch noch keine Individuen. Wenn ihr eure ganze Natur verwirklicht, werdet ihr eure wahre Individualität erlangen, nicht vorher. Es gibt noch etwas, was ich in diesem Land ständig höre, und zwar, dass wir in Harmonie mit der Natur leben sollen. Wisst ihr denn nicht, dass alle Fortschritte, die jemals in der Welt gemacht wurden, durch die Bezwingung der Natur entstanden sind? Wir müssen der Natur in jedem Punkt widerstehen, wenn wir Fortschritte machen wollen.

56. In Indien sagt man mir, ich solle *Advaita Vedanta* nicht an die breite Masse lehren. Aber ich sage, ich kann es sogar einem Kind verständlich machen. Man kann nicht früh genug damit beginnen, die höchsten spirituellen Wahrheiten zu lehren.

57. Je weniger du liest, desto besser. Lies die Gita und andere gute Werke über *Vedanta*. Das ist alles, was du brauchst. Das gegenwärtige Bildungssystem ist völlig falsch. Der Verstand wird mit Fakten vollgestopft, bevor er weiß, wie er denken soll. Zuerst sollte Kontrolle über den Verstand gelehrt werden. Wenn ich meine Ausbildung wiederholen müsste und ein Mitspracherecht hätte, würde ich zuerst lernen, meinen Verstand zu beherrschen, und dann Fakten sammeln, wenn ich sie will. Die Menschen brauchen sehr lange, um etwas zu lernen, weil sie ihren Verstand nicht beliebig konzentrieren können.

58. Wenn eine schlechte Zeit kommt, was ist dann? Das Pendel muss auf die andere Seite zurückschwingen. Aber das ist nicht besser. Was man tun muss, ist, es zu stoppen.

***

Glossar

Advaita: lehrt die Einheit von *Brahman, Atman* und der Welt
Advaitin: Anhänger des *Advaita*
Akasha: allgegenwärtige Existenz, Grundlage all dessen, was eine Form hat
Arjuna: Gesprächspartner von *Krishna* in der Bhagavad Gita
Atman: das unsterbliche Selbst im Menschen
Avatar: Inkarnation Gottes
Babu: Herr
Bhakta: Gottliebender
Bhakti: Gottesliebe
Bhava: Ekstase
Bhoga: Genuss
Brahma: der Schöpfergott
Brahmachari: Schüler, enthaltsam Lebender
Brahmacharya: erste Lebensstufe der Schülerschaft, Leben der Entsagung
Brahman: das Absolute, das universelle Selbst
Brahmo-Samaj: hinduistische Reformbewegung
Chaitanya: ein Heiliger der *Bhakti*-Tradition
Dharma: Recht, Gerechtigkeit, Vorschrift; Gottheit
Gopi: Milchmädchen, Verehrerinnen *Krishnas*
Gunas: Tamas, Rajas und *Sattva*
Hanuman: Affengottheit, Verehrer *Ramas*
Hari: Beiname für *Vishnu*
Ishvara: der höchste Herr
Janaka: einer der vorbildlichen Könige in der hinduistischen Mythologie
Jiva: individuelle Seele des Menschen
Jivanmukta: zu Lebzeiten Befreiter
Jivatman: das individuelle Selbst
Jnana: Erkenntnis
Jnani: Erkennender
Kali: Göttin im Tempel von Dakshineswar, Muttergottheit, die sowohl das Gute als auch das Schlechte symbolisiert
Kali Yuga: Zeitalter von *Kali*, das jetzige Zeitalter
Kama-Kanchana: Lust und Gier
Karma: Arbeit, Verrichtungen des täglichen Lebens, auch rituelle Verehrung
Karma-Yoga: Yoga des Handelns
Krishna: Inkarnation von *Vishnu*
Kundalini (Shakti): Schlangenkraft
Madhva: indischer Philosoph und Heiliger, der Dualität lehrte
Mahavira: Begründer des Jainismus
Manu: der erste Gesetzgeber
Maya: Illusion
Mukta: Befreiter

Mukti: Befreiung
Mulamantra: Hauptmantra
Nachiketa: Hauptakteur in der Katha-Upanishad
Nag Mahashaya: ein Heiliger Ostbengalens
Nanak: der Gründer der Sikhs
Narada: ein Weiser
Narayana: Name für *Vishnu*
Neti, Neti: nicht dies, nicht das
Nirvana: endgültiger Zustand der Vollendung
Om Tat Sat: Tat=das, Sat=Wahrheit, Tat Sat=das ist die Wahrheit, möge das (Gesagte) zur Wahrheit führen
Paramatman: höchstes Selbst
Patanjali: Verfasser des Yogasutra
Prakriti: Natur
Pranayama: Atemübungen
Prema (Bhakti): höchste Form der Liebe
Puja: ritueller Gottesdienst
Puranas: heilige Hinduschriften
Purusha: Mensch, Urseele
Raja-Yoga: königlicher Yoga, klassischer Yoga-Weg
Rajas: Leidenschaft, Aggression
Rama(Chandra): Inkarnation *Vishnus*
Ramanuja: Begründer der *Vishishtadvaita*-Lehre, eines „modifizierten" (eingeschränkten) Monismus
Rishi: Weiser
Sadhana: spirituelle Übung
Sadhu: frommer Asket, Mönch
Samadhi: das Überbewusstsein, der überbewusste Zustand
Sankhya: ältestes philosophisches System Indiens
Sannyasa: mönchisches Leben
Sannyasin: Bettelmönch
Sat-Chit-Ananda: Sein-Bewusstsein-Seligkeit
Sattva: Reinheit, Gleichgewicht zischen *Tamas* und *Rajas*
Sattvika: Menschen, die ein reines Leben führen
Sattvisch: rein
Shaktas: Verehrer der Göttlichen Mutter
Shakti: göttliche Kraft, Göttliche Mutter
Shankara, Shankaracharya: Lehrer des *Advaita Vedanta* im 8./9. Jh.
Shastra: heilige Hindu-Schriften
Shiva: Gottheit
Shraddha: Glaube, Treue
Shvetaketu: indischer Yoga-Meister
Shyama: die Göttliche Mutter
Sita: Gemahlin von *Rama*
Soham: „Ich bin Das", vedisches Mantra

Sushumna: Hauptkanal in der Wirbelsäule
Tamas: Trägheit, Dunkelheit, Inaktivität
Tamasisch: der Trägheit, Dunkelheit verfallen
Tantra: spirituelle Praxis
Tapas, Tapasya: Entsagung
Upanishaden: eine Sammlung heiliger Schriften
Vedanta: „Ende des *Veda*", eines der sechs klassischen Philosophiesysteme Indiens
Vedantin: Anhänger des *Vedanta*
Veden: die frühesten Offenbarungstexte des Hinduismus
Vishishtadvaita: qualifizierter Monismus
Vishnu: Gottheit
Vrindavan: indischer Pilgerort, der mit *Krishna* und den *Gopis* in Verbindung steht
Vyasa: ein Weiser
Yajnavalkya: ein Weiser